# Che

## para
## principiantes

# Che

## para principiantes

**Mariano Rodríguez Herrera**

Planeta

Diseño de portada: Vivian Cecilia González

© 2007, Mariano Rodríguez Herrera
Derechos reservados
© 2007, Editorial Planeta Mexicana, S.A. de C.V.
Avenida Presidente Masarik núm. 111, 2o. piso
Colonia Chapultepec Morales, 11570 México, D.F.

Primera edición: julio de 2007
ISBN: 978-970-37-0673-0



Impreso en los talleres de Litográfica Ingramex, S.A. de C.V.
Centeno núm. 162, colonia Granjas Esmeralda, México, D.F.
Impreso y hecho en México - *Printed and made in Mexico*

www.editorialplaneta.com.mx

*A la inolvidable Bebita, siempre*

# Aprendizaje de un guerrillero

Un día, el niño Ernesto Guevara de la Serna acudió a casa de sus padres cargando sobre sus espaldas a un amigo que sangraba de una herida en la frente. Don Ernesto y doña Celia llegaron al instante preocupados. La mamá acostó al chico en el sofá de la sala y, después de comprobar que la herida era superficial y que el papá fuera al cuarto de baño para conseguir con qué hacer una pequeña cura de emergencia, preguntó a su hijo:

—¿Qué sucedió, Ernesto?

—Estábamos en pleno combate con la pandilla enemiga y…

—¿En pleno combate?, ¿pandilla enemiga?, ¿de qué hablas?

—Fueron los chicos de la otra pandilla. Yo soy el jefe de una y de la enemiga lo es Arturo. ¡Es la primera vez que nos hieren un soldado con sangre!, ¡tuvieron suerte porque siempre ganamos nosotros! Y nunca con sangre…, sólo moretones por las piedras. Un chichón, pero nada grave, mamá. Nos ponemos hierbas con saliva sobre la herida y desaparece. ¡Las hierbas son buenas, mamá!,

¡las mamás y los papás nunca se enteran! Ahora porque hubo sangre…

—¡Por Dios, hijo!

Fue por este suceso, "porque hubo sangre", que luego de curar a Arturo y que doña Celia lo llevara donde sus padres, unos vecinos cercanos, y tras prometer al chico que nada iba a contar a éstos sobre el motivo de la herida, sino que se la había hecho corriendo por el bosque al chocar con un gajo, don Ernesto, acompañado por su hijo, averiguó lo que averiguó.

Que en el terreno de atrás de su casa, que a poco se convertía en frondosa selva, existían cuatro perfectas trincheras, dos a cada lado, enfrentándose entre ellas y comunicándose por túneles de acuerdo con la tropa que la ocupara, donde unos cuarenta niños solían enfrentarse en aguerridas batallas de pura piedra hasta que uno de los dos se rindiera vencido.

—Hasta este día fue que le dieron a uno de los nuestros, papá. Nosotros preferíamos morir en furioso combate que rendirnos…, y ni siquiera hoy nos rendimos. Yo cargué a mi herido…, ¡pero no nos rendimos!

A quien el mundo entero conoce como *Che* Guevara tenía en ese entonces cinco o seis años de edad, pero esta anécdota ya lo retrata de corazón adentro: un chico valiente, audaz, humano, solidario, con dotes innegables de líder y hasta de jefe militar y estratega. Fue él quien agrupó a los otros niños y quien ordenó y a la vez participó en la construcción de las mencionadas trincheras.

Los hechos sucedieron alrededor de 1938 en los cerros de la pequeña ciudad de Alta Gracia, provincia de Córdoba, Argentina. A mil cuatrocientos metros de altura; clima benigno para el asma que se le había presentado al pequeño Ernesto a los dos años. La familia se había instalado allí porque en Buenos Aires, cada vez que intentaron vivir, los ataques solían llevarlo al borde de la muerte.

Esta lucha constante contra tan cruel enfermedad puso de manifiesto otra de las características del carácter del muchacho: decisión por imponerse a todo contratiempo, lo que ayudó a forjar su temperamento rebelde. En el bosque aprendió a montar a caballo. En los arroyos, a nadar. Con una escopeta de aire comprimido, se convirtió en un excelente tirador y, cuando fue mayor, en un agresivo jugador de futbol.

También en esas correrías por los montes, acompañado por niños de familias campesinas, iba descubriendo la pobreza. La familia Guevara no era rica, pero nunca les faltó nada, mientras que a éstas les faltaba todo.

Don Ernesto me contó cómo una de estas familias era tan pobre que, en un clima frío como el de Alta Gracia, se cubrían para dormir con papel periódico. Eran nueve en total y dormían, o así lo intentaban, en una sola cama.

Tuvo que ver en la formación del carácter del joven Ernesto el relato que escuchó de su padre sobre sus antepasados, especialmente los Lynch: irlandeses, perseguidos políticamente, que debieron abandonar su país y sus hogares para deambular por el mundo luchando contra la naturaleza y los hombres hasta encontrar patria y familia en el inmenso territorio sudamericano famoso por sus gauchos, sus pampas y sus tangos: Argentina.

Y Guevara de la Serna fue, desde pequeño, un apasionado lector de filosofía, psicología, geografía, historia, poesía, relatos de viajes, cuentos y novelas. A los quince años había leído ya la biblioteca entera de sus padres, furibundos lectores también. Obligado por su enfermedad a permanecer en cama muchas veces y sin poder asistir a la escuela, Ernesto hijo pedía, como otros niños lo hacían para comprar dulces y refrescos, dinero para comprar libros. Éstos fueron, además de fuente de muchas enseñanzas, medio eficaz de entretenimiento.

Sucede que también cerca de la vivienda de los Guevara de la Serna y con el susodicho bosque o selva detrás, había un campo de golf al que acudían principalmente extranjeros y los ricos de la provincia. Los niños se aficionaron a éste gracias a la clausura de las cuatro líneas de trincheras realizada por los padres de Ernesto. Conseguir los palos nunca significó problema para los chiquilines: ahí estaba la selva donde podían cortar bonitos gajos en la arboleda para fabricarlos…, pero las pelotas sí fueron un problema mayúsculo. Aquellos chicos no tenían plata porque sus familias eran pobres y ni soñar con comprar pelotas. Pronto encontraron una solución: cada vez que veían a un jugador chambón lo seguían y cuando, como sucedía con frecuencia, éste golpeaba tan mal la pelota que iba a caer al bosque, allí estaba alguno de los miembros del grupo infantil para tomarla y salir corriendo. Se veía entonces al jugador o jugadores registrando las hierbas mientras se quitaban la gorra y se rascaban la cabeza, sin poder explicarse aquello que parecía acto de magia. Entonces los antiguos bandos enemigos ya no lo eran. Las pelotas se compartían como común tesoro extraído de los cuentos de *Las mil y una noches*.

Otra de las aficiones de aquella muchachería fue el cine; casi obligatorio los sábados y los domingos. De hecho, cuando Ernesto hijo llegó a México en 1954, proveniente de Guatemala y ya médico, pero sin haber revalidado su título, una de las fuentes de subsistencia de éste fue el trabajar como extra en la entonces floreciente industria cinematográfica mexicana.

Ernesto Guevara de la Serna nació el 14 de junio de 1928 en la pequeña ciudad de Rosario y, cuando esto sucedió, ya era un viajero… Ernesto Guevara Lynch se casó con la señorita Celia de la Serna, una bella mujer argentina descendiente de un virrey español, perteneciente a la aristocracia culta y liberal, y siempre rodeada por un grupo de pretendientes que este desertor de la carrera de arquitectura logró atravesar con audacia donjuanesca, su porte de caballero mitad hispano, mitad irlandés, y su amor por la cultura; éste era dueño de un sembradío de hierba mate en el territorio selvático y agreste de Misiones (noreste argentino) y allá se fueron los jóvenes novios ante los ojos seguramente aún no convencidos de los padres de ella tras la decisión hecha por la princesa de la familia. Incluso, para hacerlo, ella tuvo que mudarse a casa de una tía que intercedió a su favor, hasta que la chica obtuvo el permiso paterno necesario para la boda, ya que aún era menor de edad.

Los Guevara habían adquirido nombre y prestigio desde su llegada a Argentina al inicio del siglo XVIII, pero la aventura siempre asomó en ellos.

Cuando Celia esperaba a su primer hijo, emprendieron el largo viaje a Buenos Aires. Territorio extenso con sus famosas pampas donde el gaucho es legendario jinete sobre su veloz corcel pastoreando inmensos lotes de vacas, toros y terneros, su revólver y su puñal a la cintura y que, en las noches, alrededor del fuego acogedor, con sus compañeros ceba mate mientras narran aventuras de valor y de muerte.

Se detuvieron en la ciudad de Rosario, tercera en importancia del país gracias a su puerto sobre el río Paraná y sus importantes conexiones ferroviarias con todo el territorio, para pasar allí la noche. En ese momento, a Celia se le presentaron los dolores de parto y don Ernesto la trasladó hasta el hospital Centenario, anexo a la Facultad de Medicina, para que pudiera dar a luz allí. Por suerte, el parto se realizó sin dificultades y el orgulloso padre decidió que su nombre sería magnífico para el nuevo integrante de la familia.

En cuanto al horóscopo, fue un géminis, y si a éstos se

les suele tener por mellizos, digamos, de dos personalidades en una, pues Ernesto no encajó para nada. Él siempre fue consecuente con su manera de pensar y vivir, sin dobleces de tipo alguno. Hombre de una sola pieza.

Posteriormente, la pareja siguió rumbo a Buenos Aires y, apenas lo permitieron las condiciones posparto de Celia, regresaron a Misiones. Allí permanecieron hasta su regreso a la capital para un segundo alumbramiento, al final del 29, cuando nace una niña que, como era de esperarse, fue nombrada Celia. Le siguieron: Roberto, Ana María y Juan Martín.

Los viajes continuaron y a los dos años de Ernesto se trasladaron a San Isidro, casi en la frontera con Paraguay, donde el padre trató de sacar a flote una maderera sin mucho éxito, luego de sufrir el robo de su cosecha de hierba mate en Misiones.

En mayo del 31 el pequeño se bañaba en el río con su mamá; una audaz nadadora que gozaba con afrontar las peligrosas olas cuando veraneaban en el mar, cuando, al salir del agua, el niño comenzó a toser con tanta fuerza que tuvo que ser trasladado al médico. No se quedaron con este diagnóstico y visitaron a otro y luego a otro más. Este tercero le diagnosticó un ataque de asma producto de una neumonía que el bebé sufriera a los pocos días de nacer.

Don Ernesto me concedió una entrevista en 1971 en su casa de Miramen, La Habana, para el periódico *Juventud Rebelde*. En ella me contó conmovido cómo a él y a la madre se les apretaba el corazón cuando entre las primeras palabras que aprendió a pronunciar su hijo de dos años estaban: "papito: inyección", y cómo Celia pasaba las noches vigilando la respiración del pequeño, pues muchas veces temieron que en uno de estos violentos accesos de la enfermedad pudieran perderlo.

En busca de un clima propicio llegaron de nueva cuenta al lugar en el que comenzó este relato: los cerros de Alta Gracia, en la provincia de Córdoba. Pronto se hizo evidente la brillante inteligencia del chico, pues, como no podía asistir regularmente a la escuela, Celia hizo de maestra muchas veces mientras que los hermanos menores, Celia y Roberto, le traían a casa las tareas para que sus notas no fueran malas y pudiera ir pasando de grados.

Este hacer de maestra de su culta mamá le reportó una maravillosa enseñanza al chico: el dominio del idioma francés, que pronto enriqueció con la lectura de algunos poetas galos como Baudelaire y Paul Eluard; y de cuentistas, dramaturgos y novelistas como Maupassant, Sartre, Camus y otros. La filosofía existencialista, que los dos últimos escritores pusieron en boca universal alrededor de los años 50, le hizo compañía en sus años de estudiante de medicina en Buenos Aires, adonde llegó toda la familia cuando el primogénito contaba diecisiete años. El idioma francés le fue muy útil también como comandante y ministro en Cuba, en sus viajes por el mundo y, luego, como jefe guerrillero en el Congo.

Una anécdota más de su infancia cordobesa. Sucede que cuando sus padres mateaban, disfrutaban de enviar a Ernestito a la cocina para que les cebara la hierba. Ya al regreso debía atravesar una pequeña zanja y, al hacerlo, derramaba el líquido. Volvía una segunda ocasión a la cocina, cebaba nuevamente la hierba y, al regreso, lo mismo. Así lo intentaba una y otra vez hasta que descubrió cómo saltar aquella zanja sin que esto le sucediera y poder llegar al sitio en el que sus padres lo esperaban y tenderles, orgulloso, la gustada infusión.

Son estos relatos una imagen clara de su íntimo convencimiento de que la tenacidad era capaz de vencer cualquier obstáculo en la vida y su proverbial terquedad para arribar a la meta que se hubiera propuesto.

## Chichina Ferreira: la novia de los ojos azules

Una foto de ambos la muestra con los ojos azules, cabello rubio o castaño claro y una frente hermosa y amplia, lo que hace suponer —como efectivamente lo fue— una inteligencia poco común, que la afición por la poesía y las letras ayudó a desarrollar.

Una pareja de una exquisita belleza femenil y varonil: hermosos ambos, como si se tratase de una diosa y un dios olímpicos o como ángeles de esos que vemos cuidando de la virgen María y su hijo Jesús.

El flechazo ocurrió en octubre de 1950. Se celebraba una boda en casa de los González Aguilar en Córdoba y lo más selecto de la sociedad estaba presente. Como es natural en los casamientos, la ropa usada correspondía a lo especial del suceso. Todos los hombres, incluso niños y adolescentes, iban de traje y corbata. Todos excepto uno: Ernesto Guevara de la Serna. Sin embargo, o quizás por eso mismo, todas las muchachas que iban llegando se fijaban en él. A poco, y cuchicheando sentadas, coincidían en que era el más guapo de todos los varones presentes. Disimuladamente, alguna soltera dejó ir una mirada en pos de Ernesto, quien conversaba en una esquina con otros jóvenes. Él nunca se percató de ello por su obvia indiferencia ante estas muestras de admiración femenil.

Indiferencia que duró hasta el instante en que, acompañada por una amiga y sus padres, hizo su entrada en el lugar Chichina Ferreira. Con su vestido albo, el cabello suelto cayendo en suaves ondas sobre sus hombros desnudos y sus ojos azules, era la viva imagen de una virgen de Boticelli.

La mirada de Ernesto la persiguió hasta que, luego de los saludos de rigor a los presentes, se sentó con la otra muchacha y sus padres en unas sillas que la casualidad hizo que quedaran frente a Guevara y sus amigos.

Ernesto preguntó a uno de éstos, Calica Ferrer, luego de señalarla con una discreta mirada:

—Dime; ¿quién es esa muchacha tan bella?

—¡Quién ha de ser! Chichina Ferreira, una princesa. No sólo la más linda de las muchachas de Córdoba, sino también la más rica. Su padre es dueño de La Malagueña; una hacienda enorme con canchas de tenis, campo de golf y polo, caballos árabes y hasta una iglesia propia para ir a misa… Creo que hasta el cura les pertenece.

—Vaya, ¡una burguesita ignorante!, pues entonces no me interesa.

Dicho esto volvió el rostro hacia sus amigos. Fue entonces cuando otro de ellos, Tomás Granado, hermano de Alberto, pero más joven, se dio cuenta de que hablaban sobre Chichina, a quien conocía por una amiga de la chica, y dijo:

—Pues te equivocas de plano, pelao. Además de ser tan bella como dices, es una mujer muy culta. Se le conoce, como a vos, por tener la lectura como único vicio.

—Pero si es apenas una adolescente…

—Vos también y, aparte de mi hermano Alberto que te lleva seis años, no conozco otro que haya leído tanto como vos.

—Yo ya soy mayor de edad, che.

—Sí, pero con cara de adolescente —dijo Calica, y los tres rieron, pues como Ernesto era algo lampiño, se burlaban de él por no tener barba ni bigote como los otros dos.

—¿Y tú cómo sabes tanto de ella, Tomás?

—¿Ves a la chica que viene con ella? Se llama Beatriz, es amiga de mi prima Ángela, y me ha contado cómo la cultura de Chichina sorprende a las otras muchachas. Incluso a mi prima que es un poco como vos y como Alberto. —Y mirando a Ernesto con sonrisa pícara, agregó—: Qué, ¿ahora sí te interesa la burguesita? Pues te advierto que tendrás que batirte en duelo porque sus pretendientes son muchos.

—Y comprarte otra camisa si pretendes cortejarla —agregó Calica.

El asunto es que Ernesto siempre usaba la misma camisa de nylon que no necesitaba plancha. La traía siempre y hasta nombre tenía: la semanera. Incluso, para lavarla, lo hacía mientras tomaba una ducha.

Ahí se volvió hacia la chica y clavó sus ojos en ella. A poco, el rostro de Chichina volvió hacia él y ambas miradas se encontraron. Azules los de ella. Claros, con reflejos dorados, los de él.

Y así se quedaron, tal vez unos segundos, hasta que ella bajó los suyos. Su amiga, al darse cuenta de esto, le informó:

—Ernesto Guevara de la Serna. Se cuenta entre los chicos que sólo tiene una camisa de nylon y nunca usa corbata, como puedes ver. Pero todas están locas porque se fije en alguna y le diga algo. Es el más guapo de Córdoba.

—No me interesa si es guapo. Los guapos suelen ser unos ignorantes y unos presumidos. Si éste lo es, seguramente será también el más presumido.

Y como en una copia al carbón del diálogo entre Tomás y Ernesto, la chica dijo:

—Pues te equivocas. De ignorante no tiene nada y de presumido tampoco, ¿cómo puede ser presumido alguien que siempre anda con la misma camisa?

—Porque no tiene dinero para comprarse otra. O tal vez en eso radica todo: como se sabe guapo, se permite el lujo de andar con la misma camisa siempre y contenta su vanidad sabiendo que, a pesar de ello, todas las chicas están locas porque les diga algo… No, no me interesa.

—Ahora verás que sí te va a interesar. Estudia medicina en Buenos Aires y tiene el mismo vicio que tú…

Ahí Chichina la miró, abrió sus ojos grandes y dijo:

—¿Vicio? Yo no tengo…, habla bajito…, mamá puede oírte aunque parezca que está conversando con papá. ¿De qué vicio hablas? ¡Yo no tengo vicio alguno!

—Los libros. Porque además de ser el más guapo de Córdoba, y probablemente de toda Argentina, es el más culto.

La sorpresa la dejó muda cuando vio que Chichina y Ernesto se estaban mirando a los ojos delante de todos los invitados.

Temerosa de que la señora Ferreira pudiera darse cuenta, tomó a su amiga de la mano y, pidiendo permiso a la mamá, dijo:

—Ven, Chichina. Vamos a donde están sirviendo los refrescos.

Y casi la arrastró consigo, pues ésta no dejaba de mirar a Ernesto.

—¿Estás loca o qué? Menos mal que tu mamá no se dio cuenta, pero casi estoy segura de que otros invitados sí.

—No me importan los otros invitados. Guapo, futuro médico y culto… ¡Ojalá se le antoje un refresco como a nosotras!

—Espero que además no sea bobo…, ¡con las miradas que intercambiaron él y vos!

Y, por supuesto, Ernesto no era bobo. Sin decir nada —siempre fue de pocas palabras—, echó a caminar detrás de las dos chicas rumbo a la mesa donde jóvenes de uno y otro sexo se hacían servir refrescos. Los adultos se encontraban en las mesas donde se servían bebidas alcohólicas.

Caminaba Ernesto detrás de las muchachas decidido a presentarse él mismo a la chica si era necesario, cuando, al llegar junto a ellas, escuchó una voz a sus espaldas que decía su nombre y al volverse se encontró con una de sus mejores amigas: Dolores Moyano que, luego de tenderle la mano, tocó su hombro.

Chichina, al descubrirla y volverse a su vez, sonrió feliz y dijo:

—¡Prima, qué bueno que llegas! Llamé a tu casa, pero nadie contestó. Quería saber si vendrías con nosotros.

—Sí, salí temprano, fui al salón de belleza, y mis padres están en Buenos Aires.

—Justo por eso llamé: para que vinieras con papá y mamá, ¿conoces a mi amiga Beatriz?

—No, no tengo el gusto.

—Pues te la presento.

Cuando las chicas se dieron la mano, Ernesto, que veía como algo propio del destino que su amiga Dolores hubiera aparecido precisamente en aquellas circunstancias, le dijo:

—Creo que se obliga otra presentación, Dolores. Oigo que esta señorita te ha llamado prima…

—¡Perdón, Ernesto! Sí, efectivamente es mi prima. Chichina, te presento a mi querido amigo Ernesto Guevara de la Serna. Ernesto, ella es María del Carmen Ferreira, pero todos la llamamos Chichina. Como tú, ella siempre, cuando no está estudiando, se le ve con un libro en la mano. ¡Seguro pueden llegar a ser buenos amigos!

Entonces Chichina y Ernesto se quedaron solos. Solos en un salón donde había cerca de cien personas, solos junto a Beatriz y Dolores, solos pese a la cercanía de los padres de ella. Y sólo cuando dejaron de mirarse a los ojos, él le tendió la mano y ella, dejando el vaso que sostenía sobre la mesa, tendió la suya.

Dolores Moyano contará cómo sucedió aquel encuentro:[1] "Ernesto se enamoró de la princesa, sorprendente, inesperado. Todo lo que despreciaba… y ella también. Una relación que tenía el aura de lo imposible…".

---

[1] Información tomada de Paco Ignacio Taibo II, *Ernesto Guevara, también conocido como el Che.*

## Y se hicieron novios

Fue la única novia reconocida de su juventud por sus amigos y biógrafos. La única "oficial", aunque no exista constancia en documento alguno de que se hubiera realizado una petición de mano por parte de don Ernesto al padre de la muchacha.

Resulta obvio que el joven Ernesto Guevara fue recibido en el palacete de los Ferreira —aunque con pocas muestras de alegría, sobre todo por la madre de la muchacha— como novio de la hija bonita y mimada del papá que le hizo ver siempre a su esposa que, aunque venido a menos económicamente y no tan antiguos en la Argentina como ellos, tanto los Guevara como los de la Serna, sobre todo estos últimos, eran familias aristocráticas y personas queridas y respetadas por lo mejor de la sociedad cordobesa. Y agregaba que si, ya graduado de médico, el joven Ernesto contraía matrimonio con su hija, él mismo no sería reacio a prestarles dinero para que pusiera su propio consultorio, pues había averiguado con sus amigos de la Facultad de Medicina de Buenos Aires que, aunque por motivo de su asma a veces no podía asistir con la requerida periodicidad a clases, era tan inteligente que siempre obtenía las calificaciones más altas en todos sus exámenes.

Cuando el joven Ernesto comenzó a enamorar a Chichina ya había averiguado, con amigas de la joven, la pasión tan grande que tenía ésta por las letras y en la primera cita le dijo, completos, los *Veinte Poemas de Amor y una Canción Desesperada* de Pablo Neruda, lo que la chica contó a sus amigas, admirada por el gusto poético del chico y de su extraordinaria memoria.

Al día siguiente ella recitó, también de memoria, uno de los poemas de Sor Juana Inés de la Cruz. Lo hizo con mirada pícara, ya que se trataba de aquel famoso que se refiere a la necedad de los hombres que acusan a la mujer sin razón… Luego él dijo textos de Machado, Lorca y Vallejo, y ella, de Mistral, Storni y Darío.

Éste fue como el toque final que ambos se dieron para que él por fin le dijera que, si ella no aceptaba ser su novia, no probaría más bocado ni tomaría agua hasta que ella llorara por ser la causa de su muerte repentina y de que muriese también de amor… Y ella, riendo, respondió que no era necesario que murieran ambos tan jóvenes, pues también estaba enamorada de él.

Entonces se les vio, tomados de la mano, recorrer los jardines con varios libros bajo el brazo y sentarse en los bancos o en el césped a leer durante horas y besarse bajo el arrullo de los sauces llorones, el canto de los pájaros y los últimos rayos del sol de los atardeceres.

Así leyeron a Hemingway, a Mallarmé, a Steinbeck, y él descubrió a Gandhi, por quien se apasionó. Él le preguntó a Chichina si ya había leído a Jung y a Adler. No, ella no los había leído, y suponiendo que a la burguesita no le interesaría leer a Marx o Engels, sugirió a

Freud. Ella mostró gran interés y, pronto, a ambos se les veía discutiendo sobre el valor del inconsciente. Aquí, Ernesto le contó divertido cómo un amigo de su papá, un español republicano y de apellido Aguilar, al sorprenderlo un día leyendo estas cosas, comentó a sus hijos si aquella lectura no era demasiado elevada para una mente juvenil.

Y entonces tocó el turno a los filósofos. El novio trabajaba en un cuaderno haciendo un resumen del pensamiento de Aristóteles, Platón y otros para, así, poder analizarlos con detenimiento y agregar sus propias ideas.

Pero no todo eran lecturas y más lecturas. También iban de excursiones con amigas y amigos, y a bailar —a pesar de que el oído musical de él no fuera nada bueno y de que hubo que enseñarle algunos pasos antes de llevarlo al salón de danza—. Lo único que bailaba medianamente bien era el tango.

Ernesto, provocador nato, fue invitado alguna vez a comer a casa de la familia de su novia. Él se presentó vestido con el descuido que le fue característico toda la vida, pues afirmaba que por donde se debía estar bien vestido era por dentro. Sí, ella estuvo de acuerdo, pero él debía ganarse la simpatía de cierta parte de su familia… Esta cierta parte era la nombrada futura suegra, pero el muchacho lo que hacía era reírse y comentaba con don Ferreira cómo la relación con su hija iba viento en popa y a toda vela, como los personajes marineros de Emilio Salgari.

El señor Ferreira, al igual que don Ernesto, poseía una enorme biblioteca en su residencia. Y en la sobremesa tanto el padre como la madre de Chichina escuchaban atentos cuando el joven Ernesto hablaba de filosofía, de historia, sobre las aventuras de sus viajes o comentaba alguno de los libros de reciente aparición.

En aquella época, Argentina disfrutaba de gran renombre editorial, así como de un alto nivel de vida en relación con el resto de Latinoamérica gracias, fundamentalmente, a la ganadería. Todavía no se conocía la televisión y la gente, gracias a Dios, leía y los libros no eran tan caros.

Chichina también fue invitada por Ernesto a su casa. La primera vez que ella asistió no se encontraba Celia, pero sí el padre. Luego de presentarla, le dijo orgulloso que ella también leía muchísimo. Enseguida los tres se dirigieron rumbo a la biblioteca a mirar libros. Don Ernesto dijo a la novia de su hijo que podía llevarse el título que quisiera siempre que fuera devuelto, claro. Los tres rieron…, y riendo estaban cuando Celia entró a la biblioteca y el hijo de nuevo hizo la presentación correspondiente, destacando que Chichina no sólo era la mujer más bonita de Córdoba, sino la más inteligente y la más culta. Y agregó: como tú, mamá.

Invitada por la dueña de la casa a tomar un mate, un té o un café en el recibidor, mientras los hombres iban a cebar el mate —lo que la jovencita dijo preferir—, Celia, delicadamente, quiso saber quiénes eran los padres de la chica y cuando ésta contestó, afirmó que, naturalmente, sabía de ellos y desvió la conversación hacia los libros; tema que al poco tiempo, tomando el amargo, les hizo a los cuatro disfrutar de una agradable conversación.

Terminada la conversación y el mate, Ernesto hijo llevó a su novia al lugar en el que tenía una cría de canarios. Ella ya conocía del amor de su novio por los animales; perros, caballos, burros, a los que cuidaba con esmero, pero éstos eran de toda la familia y los canarios sólo a él le pertenecían.

La equitación fue otra de las actividades que los unió. Chichina, como toda muchacha hija de hacendados, montaba a caballo y tenía sus propios equinos. Era toda una amazona y él, un consumado jinete. Cuando se les veía galopar felices en la hacienda La Magdalena, aunque bajo la mirada atenta de la mamá de ella, Ernesto, al verla con su cabello suelto flotando al galope del corcel, se decía que, apenas se graduara de doctor, le pediría matrimonio.

Además, Chichina era una mujer muy saludable y fuerte físicamente. Ernesto, siempre temeroso de que sus posibles descendientes pudiesen padecer el mal que él sufría desde pequeño, le había dicho a doña Celia que, lo primero que un hombre debía hacer por ellos, aun antes de que éstos vinieran al mundo, era buscarles una madre fuerte y sana, que no padeciera enfermedad alguna. Incluso podía prescindir de que tuviera la cultura que poseían los Guevara y los De la Serna porque la cultura se adquiere si se tiene a alguien al lado que enseñe y guíe, pero con la salud se nace. Proseguía reconociendo que ella y su padre eran muy saludables y que él aceptaba lo sucedido porque fue algo que ninguno de los dos pudo prever cuando decidieron formar una pareja y tener hijos.

Cuando las amigas de la novia ya hacían planes sobre qué vestidos lucirían en la boda de Chichina, qué regalos podrían darles, y los amigos de Ernesto decían, burlones, que al menos en esa ocasión el Pelao —mote con que le reconocían por usar el cabello muy corto— vestiría tradicionalmente; la vocación de viajero, que ya lo había hecho recorrer parte de la Argentina en bicicleta con motor, y el tener un amigo tan aventurero como él, Alberto Granado, desviaron el rumbo de esa nave en la que, según sus propias palabras, iban, él y Chichina, a toda vela.

## Sin una pistola no cuenten conmigo

Ya se dijo que Ernesto aprendió a disparar desde pequeño cazando en las lomas de Alta Gracia y que, cuando tenía diecisiete años, la familia se mudó a Buenos Aires para que el primogénito pudiera estudiar en la Universidad. Cuando le era posible, Ernesto viajaba a Córdoba para visitar a Chichina. Al regreso de uno de estos viajes, ocurrió que algunos universitarios estaban preparando una manifestación contra el gobierno. Ernesto permaneció impasible. Lo invitaron a participar y como única respuesta recibieron:

—Miren, a mí si no me dan un bufoso,[2] no cuenten conmigo.

El doctor Alberto Granado contaba que el Pelao siempre tuvo claro que el poder sólo se le podía arrebatar a la oligarquía por medio de las armas.

Posteriormente, durante una parada que él y Granado hicieron en un lugar de la cordillera andina, Alberto se puso a soñar con la posibilidad de crear un centro laboral en aquellas enormes montañas y, poco a poco, luego de llevar a cabo una reforma agraria y otra educacional, hacerse del gobierno para realizar una revolución verdadera.

Un amigo que allí habían conocido escuchaba a Alberto y movía aprobatoriamente la cabeza, hasta que Ernesto interrumpió el diálogo para soltar una sonrisa sarcástica y romper los sueños de Granado:

—Pero, che, ¿estás loco?, ¿hacer una revolución sin tirar un tiro?

Por eso quiso tomar las armas para defender al gobierno progresista de Jacobo Arbenz cuando la CIA lanzó una invasión dirigida por el coronel Castillo Armas y aceptó gustoso irse a Cuba junto con Fidel Castro y sacar a tiros al tirano proyanqui, Fulgencio Batista, del poder.

---

[2] Nombre popular dado a los revólveres.

# El viaje en motocicleta,
# el adiós a Chichina

El primero de enero de 1952, el doctor Alberto Granado, llamado Petiso por su estatura, aunque realmente no era tan pequeño, salió en compañía del casi médico —le faltaba un examen final para serlo— Ernesto Guevara de la Serna, a recorrer varios países latinoamericanos. Lo hicieron en su afán por aprender de la vida recorriendo la América Nuestra, como Martí la llamó, siempre convulsa, siempre a punto de estallar como un volcán en erupción, con una rica mezcla de razas e intereses, de sueños insatisfechos, de sudor y de tanta sangre humilde derramada en vano.

Alberto Granado le hablaba a su hermano Tomás sobre su inquietud por realizar un viaje. Tomás, sin haberlo pensado mucho, le dijo que buscara al Pelao porque era el ideal de compañero para viajar. Anotó:

—Tú sabes que el Pelao no falla.

No lo tuvo que buscar. Casualmente, al día siguiente Ernesto se apareció por su casa y se pusieron de acuerdo.

Ya en camino rumbo al primer país que decidieron visitar, hicieron una parada en un hermoso lugar llamado Miramar. Allí Ernesto se despidió de su novia Chichina, quien veraneaba en este sitio en compañía de sus padres, amigos e, incluso, una hermana del Pelao.

Ernesto escribió algo al respecto:[3]

*Los dos días programados se estiraron como gomas hasta hacer ocho y con el sabor agridulce de las despedidas y mi inveterada halitosis.*

*Alberto veía el peligro y ya se imaginaba solitario por los caminos de América, pero no levantaba la voz. La puja era entre ella y yo.*

*Todo fue una miel continua, con ese sabor amargo de la próxima despedida que se estiraba día a día hasta llegar a ocho. Cada vez me gusta más o la quiero más a mi cara mitad. La despedida fue larga ya que duró dos días, y bastante cerca de lo ideal. A Comeback también lo siento mucho.*

El último beso de despedida se lo dieron en la parte trasera de un coche. Con su modo sarcástico de ser para que no se descubriera su alma sensible y noble, con un temor enorme siempre a parecer cursi: "…después de babear abundantemente, mi compañero Alberto Granado me arrancó".[4]

Ella le regaló una pulsera de oro que quitó de su brazo. Él, un perrito que cargó desde Buenos Aires cuyo nombre tal vez sonó a promesa: Comeback…, pero nunca volvió.

De Miramar viajaron rumbo a Chile. *La poderosa,* nombre de la moto, que desde que salieron comenzó a crearles problemas, se resistió al exceso de peso y, bajando una montaña, sin el freno de mano y con la sangre

---

3 Reproducción presente en Paco Ignacio Taibo II, *ibidem.*
4 Paco Ignacio Taibo II, *ibidem.*

fría de Ernesto, la lanzó contra el borde de tierra para evitar caer en el precipicio donde lo más probable es que se hubieran matado.

Reparada la máquina, tomaron camino de nueva cuenta. Esta vez rumbo a Perú. Primero al Cuzco, donde ya sus vestiduras dejaban ver las huellas de la suciedad del largo camino.

Enterados de que allí residía un médico que Granado había conocido en un congreso, acudieron a él y, luego de que los reconoció gracias a una foto que tenía colgada en la pared, los invitó a pasar, les presentó a su familia y, tras preguntarles en qué podía ayudarlos, los albergó esa noche en su casa. Al día siguiente insistió en darles dinero para el tren y el ascenso a Machu Pichu, a más de cuatro mil metros de altura.

Estuvieron en aquel lugar dos o tres días asombrados por la belleza del entorno y de que una cultura como ésa, capaz de construir sin equipo mecánico aquella maravilla, hubiera desaparecido.

## A pura piedra

Posteriormente arribaron al leprosorio en el río Amazonas, donde permanecieron doce días y celebraron el cumpleaños veinticuatro de Ernesto, el 14 de junio de 1952.

San Eliseo es el santo de ese día. Ernesto, con su humor especial, lo llamó día de San Guevara.

Tres días después de este festejo se hizo un regalo a sí mismo: cruzar a nado el enorme y caudaloso Amazonas. Empezando por el director del hospital, el doctor Brezani, poco estuvieron de acuerdo en que un asmático como él intentase tal hazaña. Granado tampoco estuvo de acuerdo, pero nada dijo. Conocía muy bien a Ernesto como para intentar hacerlo cambiar de opinión. Cuando tomaba una decisión, era capaz de arriesgar su vida si era necesario para lograr su objetivo.

Y lo cruzó aprovechando la corriente. Unos cuatro kilómetros en diagonal. Cuando alcanzó la orilla opuesta se mostró tan feliz como un niño.

Veinte años después, Granado me relató en La Habana lo que según él fue para ellos dos el momento más emotivo del viaje: la despedida que al partir les hicieron los leprosos:

"Era la noche anterior a nuestra partida. Caía una pequeña llovizna y había niebla, haciendo que todo pareciera algo fantasmal. Había un muelle en la parte ocupada por el personal facultativo y otro en el lado opuesto del río, que era de los enfermos. Todos nos concentramos en el lado sano, como le llamaban los enfermos, para esperar por la despedida que los pacientes habían anunciado. De pronto, alumbrando sus canoas con faroles, los vimos aparecer cantando una canción que le cantaban a Ernesto, al amanecer del día 14, para ser los primeros en felicitarlo. Estaban junto al muelle, sin descender a tierra.

"Como había una orquesta de 'los sanos', ésta respondió con otra. Así hubo una especie de contrapunteo entre ambos grupos musicales. Luego, uno de los enfermos pronunció un discurso muy medido en sus frases, pero extenso, ¡fantástico! En él agradecían que dos médicos argentinos hubieran venido a un lugar tan inhóspito y lejano y, en vez de seguir de largo, se detuvieran junto a ellos. Yo les contesté lo mejor que pude, pues estaba muy emocionado. Finalmente, en la niebla blancuzca de la noche, los enfermos empezaron a retirarse en sus botes mientras iban cantando esa canción que habla de un adiós para siempre.

"Fue tal su belleza que, bueno, es como esas cosas que uno sueña que le sucedan alguna vez y no ocurren, pero a nosotros ¡nos estaba pasando!

"Ernesto también dijo palabras de despedida, pero las pronunció al comienzo de la comida y fiesta que por su onomástico le ofreció el director, doctor Brezani, luego de brindar por él:

"*Quiero recalcar algo más al margen del tema de este brindis: aunque lo exiguo de nuestras personalidades nos impide ser voceros de su causa, creemos, y después de este viaje más firmemente que antes, que la división de América en nacionalidades inciertas e ilusorias es completamente ficticia. Constituimos una sola raza mestiza que desde México al estrecho de Magallanes presenta notables similitudes etnográficas. Por eso, tratando de quitarme toda la carga de provincialismo exiguo, brindo por Perú y por América Unida.*"[5]

---

[5] Resaltado por el escritor.

# Guatemala, 1954, Ernesto al fin tiene un arma en las manos

Después del Perú, visitaron Colombia y Venezuela, donde se quedó Alberto a trabajar con la promesa de Ernesto de que cuando ya tuviera vencidos sus exámenes finales, convertido en flamante doctor Guevara, se le uniría en Caracas. Granado estaba seguro de que también le ofrecerían trabajo a su joven amigo.

Pero de visita en Guayaquil, y ya graduado de médico, Ernesto se encontró con otro querido amigo, Ricardo Rojo, quien se dirigía a Guatemala. Cuando Guevara de la Serna le dijo que se dirigía a Caracas para reunirse con Granado, éste le dijo que se fuera con él, pues se dirigía a un lugar en el que sí se estaba llevando a cabo una verdadera revolución social. Ernesto, para no quedar mal con Alberto, le envió una postal con estas escuetas líneas: "Petiso, me voy para Guatemala, después te escribo".

En realidad en Guatemala no sucedía una revolución social, pero sí un proyecto del gobierno progresista, bajo la presidencia de Jacobo Arbenz.

El joven doctor Guevara intentó ponerse al frente de los verdaderos patriotas, armarse y salir a combatir la invasión norteamericana, pero pocos lo apoyaron. Desde Nicaragua, los aviones del tirano Somoza bombardeaban a la población civil para desmoralizar al ejército constitucional y facilitar el avance mercenario.

Como era de esperar, una serie de oficiales pidieron al presidente su renuncia. El golpe de Estado se había consumado. Arbenz se exilió en la embajada de Suiza y el embajador argentino le dijo a Ernesto que saliera del país; se sabía de su intento armado y que la represión lo alcanzaría entre los primeros.

Había conocido a una intelectual peruana, exiliada política, con quien comenzó, como con Chichina, una relación cuyos primeros contactos se realizaron nuevamente sobre los libros. Leían poesía, cuentos, novelas, y la magia de la literatura los unió. No fue el flechazo instantáneo como con la novia argentina. Es más, cuando se conocieron, ni ella ni él parecían atraerse físicamente, por lo que es obvio que su amor nació bajo el manto de las letras.

Él partió primero hacia México y ella prometió seguirlo. Aunque eran casi novios, ninguno de los dos estaba convencido del reencuentro... la suerte estaba echada.

## México, donde se forja el guerrillero

La afirmación no es gratuita. Aquí fue donde Ernesto conoció al abogado Fidel Castro y a un grupo de jóvenes como él, que un domingo 26 del mes de julio en las ciudades de Santiago de Cuba y Bayamo, al oriente de la isla de Cuba, habían atacado, con fusiles 22, escopetas de caza e incluso pistolas, los cuarteles de ambas poblaciones, defendidos por ametralladoras de alto volumen de fuego.

La acción, donde resultaron asesinados más atacantes que los que murieron durante el combate, estremeció a toda la población cubana, con larga tradición de lucha desde las guerras independentistas: tres, desde 1868 hasta 1895. Esta tradición hizo posible que, desde la cárcel, el líder rebelde, en honor a los caídos, fundara el Movimiento 26 de Julio antes de salir al exilio en 1955.

Por ese entonces, Ernesto se desempeñaba como médico a pesar de que no había podido revalidar su título y tener que ejercer en donde le pusiera, casi siempre el cuerpo de guardia, lo más difícil. Allí, una noche, trajeron a un joven con un ataque alérgico. Lo traía otro cubano que sobresalía por encima de todos por su estatura y su flacura. Se reconocieron de inmediato:

—¡Ñico López!

—¡Ernesto Guevara!

Se habían conocido en el exilio en Guatemala. Luego de que el argentino vio al otro cubano y le puso una inyección para aliviarlo de la alergia que presentaba, conversaron un rato. Ernesto le contó que tuvo que salir obligado de Guatemala y Ñico le dio su dirección para verse de nueva cuenta. Sabía de las ideas políticas del doctor y quería presentarle a su mejor amigo, Raúl Castro Ruiz.

Poco después se produjo el encuentro. Ñico, que participó en el ataque del 26 de julio, pero en Bayamo, formaba parte de la Dirección Nacional de la organización armada que llevaba este nombre. Puso a su compañero en antecedentes de cómo pensaba el sudamericano y fue Raúl quien presentó a Ernesto con Fidel.

Sucedió en casa de una cubana, María Antonia González, esposa del luchador mexicano, Avelino Palomo. La conversación de Ernesto y Fidel duró entre ocho y diez horas, al final del cual el doctor Guevara aceptó ir como médico a la expedición que pronto empezaría a organizarse para ir a combatir. Otro luchador, el esposo de María Antonia, Arsacio Vanegas, fue reclutado por Fidel para darle preparación física a los futuros expedicionarios.

Un coronel republicano español, Alberto Bayo, fue el instructor militar del grupo. Y, tanto Arsacio como Alberto, dejaron constancia de la disciplina del argentino. Bayo le dio nota máxima en el tiro con fusil y Arsacio me contó cómo Ernesto, pese a su padecimiento y a fuerza de tenacidad, realizaba los ejercicios físicos más duros; caminatas, ascensión de los cerros que rodeaban la Ciudad de México, remo en el lago de Chapultepec, ataque y defensa personal, con la más alta calificación.

Los entrenamientos, cuando las condiciones lo permitían, ya no se realizaban en la ciudad y sus entornos. Consiguieron varios ranchos para los disparos de pistolas, fusiles e, incluso, una ametralladora que habían conseguido.

En uno de éstos fue que se apareció la policía y Fidel, para evitar un derramamiento de sangre de uno y otro bando, aceptó la rendición. Fueron a parar a una cárcel antes de ser deportados, la Miguel Schulz. Fue allí donde apareció casi todo el grupo. Una fotografía muestra a Ernesto sonriente sentado en el suelo. En otra, la cámara lo captó al lado del camastro donde dormía, mientras intentaba abrocharse el cinturón. A su lado, Fidel lo observaba.

En una entrevista sobre estos días de cárcel concedida por el líder cubano al nicaragüense Tomás Borge, aparece una anécdota que retrata el carácter de Ernesto:

"No sólo perdimos las armas sino que se creó un gran escándalo internacional. No faltaron de inmediato las consabidas acusaciones de comunismo y todas aquellas cosas que estaban tan en boga. Con más razón cuando el Che, con espíritu de mártir en la época romana, al caer preso se consideró en el deber revolucionario de decir todo lo que pensaba:

"—¿Es usted comunista?

"—Sí, soy comunista.

"Y con el Che, el personal de seguridad y los jueces discutían de comunismo, hasta sobre la denuncia de Niñita Krushev contra José Stalin. El habernos descubierto nos trajo una gran cantidad de inconvenientes, entre otros, el que hubiera caído en prisión parte de nuestro grupo. El Che no siguió la táctica que había de seguir en esos momentos y complicó las cosas. Como consecuencia, nos dejaron al Che y a mí presos: fuimos los dos últimos en salir."

Al Che nunca le pareció justo que, por defender sus

ideas, su compañero se quedara en la cárcel cuando ya habían soltado al resto del grupo preso, pero Fidel se negó de plano. O salían juntos o no salían. En total permanecieron presos cincuenta y siete días.

## En busca de una nave

Después de que fueron puestos en libertad, y bajo la promesa a las autoridades de migración de salir de México, los futuros expedicionarios se vieron en la imperiosa necesidad de partir lo antes posible rumbo a Cuba. El asunto no resultaba sencillo. Como Cuba es una isla, sólo se podía llegar a ella por dos vías: aérea o marítima. La aérea era muy costosa, por lo numeroso del ejército revolucionario, y para la otra se necesitaba una nave.

Fue entonces cuando el líder rebelde recurrió de nuevo a Antonio del Conde, un personaje de película de acción y misterio nacido en Estados Unidos, de nacionalidad mexicana por su padre y quien poseía una armería en la calle de Revillagigedo 47 e, igualmente, había sido reclutado por Fidel. Éste, gracias a su negocio, sus contactos y habilidades, tuvo la alta responsabilidad de buscar armas para los futuros expedicionarios.

Una frase corría de boca en boca entre los que conocían al joven abogado Fidel Castro Ruz: no lo dejes hablar porque te convence.

Y del Conde fue convencido.

Se involucró de lleno con la causa libertadora, incluso junto a su esposa, y a través de sus contactos en el propio Distrito Federal, Toluca y Puebla pudo reunir un buen lote de armas que muchas veces compraba por piezas y que él mismo armaba en su taller. Eran veinte fusiles de caza con miras telescópicas, cinco Remington automáticos comprados, veinte automáticas Jonson: subametralladoras Thompson como las utilizadas por la policía batistiana, dos fusiles antitanque de calibre 50, una ametralladora ligera Máuser y una Star de culatín plegable; botas compradas en Guanajuato, cantimploras y las mochilas indispensables.

Cada vez más convencido de la nobleza de la causa libertadora a la que servía, ofreció un sótano para que sirviera de almacén y logró que unos familiares de su esposa, de la exclusiva colonia Las Lomas, también lo hicieran. Los clósets fueron vaciados de objetos personales de los dueños y rellenados con cajas de balas y pistolas. Fue de película.

Por ese motivo trajo tras él a todos los servicios de inteligencia mexicanos y a los espías enviados por la dictadura batistiana. Pero se topaban con una dificultad para reconocerlo: al argentino Guevara todos le decían Che y al mexicano del Conde todos le llamaban el Cuate. ¡Imposible localizar a un tal Cuate en México!

Con el general Bayo, el experto en lucha libre y Vanegas, el Cuate completó el trío de personajes cinematográficos que jugaron un papel importantísimo en la preparación de un ejército revolucionario para liberar a Cuba arma en manos. También hay que recordar a María Antonia González: donde iban a parar todos los que llegaban de la isla para sumarse al entrenamiento, donde Ernesto conoció a Fidel y con alta responsabilidad, luego de que salieron de la cárcel, le encontró nuevas viviendas a donde trasladarlos. Fue la madrina del grupo.[6]

De los tres, Bayo, que era el de mayor edad, murió hace años; Vanegas, un querido amigo mío, no hace mucho, y ahora sólo queda Antonio que, con ochenta años más o menos, camina enhiesto como un recluta del servicio militar, no tiene panza, no necesita gafas para leer y baila mejor que su ex jefe. Él trabajó bajo las órdenes de Ernesto en Cuba durante algún tiempo y decir que baila así no resulta un halago, ya que el Che nunca supo bailar bien.

Cuando uno conversa con él, achica los ojos y parece estar viviendo de nueva cuenta aquellos momentos hoy entremezclados con la historia y la leyenda. Dice:

"Figúrate, Fidel me pide que consiga un barco… Comprar un barco cuando al caer ellos presos en rancho de Chalco se han perdido muchas armas que tanto sacrificio y dinero costaron; que hubo que buscar nuevas casas donde trasladar a los compañeros, que apenas había dinero para alimentos mínimos y, por si fuera poco, ya detectado el Movimiento, con los policías de México y Cuba como perros de presa detrás de nosotros.

[6] Así la describió Paco Ignacio Taibo II.

"Incluso, Fidel alquiló un nuevo rancho, en Abasolo, estado de Tamaulipas, buscando estar cerca del Golfo, por donde seguro se realizaría la partida…

"Es entonces que me digo, bueno, aquí en Ciudad de México, como no sean los botes de Chapultepec, va a ser difícil hallar algo que flote sobre el agua y menos para navegar por el Golfo de México con tantos ciclones y huracanes sueltos buscando a quien echar a pique.

"Y me puse a pensar y recordé que conocía a un matrimonio norteamericano en Tuxpan, Veracruz, que tenía un barco anclado en el río del mismo nombre; río navegable, con salida al mar… y que yo supuestamente me había comprometido a comprar con la idea de que me sirviera para traer armas desde los Estados Unidos sin los trámites fronterizos.

"Parece que Fidel, como andaba buscando a dónde trasladar a los compañeros luego de salir de la cárcel, dio con el barco. A lo mejor también encontró el rancho de Abasolo.

"Porque en la forma que me habló se veía que lo conocía y creía que era de mi propiedad.

"—Si usted me arregla ese barco, en ese barco me voy.

"—Ese barco no sirve… tiene la quilla dañada por el último ciclón que lo sorprendió en el golfo.

"Además, le expliqué que el barco no era mío aún, pues no le había dado plata alguna al dueño y que éste, un yanqui nombrado Robert B. Ericsson, pidió quince mil dólares y dos mil de una caseta donde lo guardaba para darle la reparación necesaria. Era un yate de recreo, para pescar, para salir de paseo. Medía 19.2 metros, se llamaba *Granma* y no creía que en él cupieran más de veinte personas a bordo. Fidel insistió e, incluso, preguntó el dinero que teníamos, pero no alcanzaba.

"—Dale lo que tenemos y después le pagamos el resto.

"El yanqui, como sabía de mi fama como buen comerciante, me fió y lo compramos.

"Y le pagamos el resto, creo que unos diez mil dólares, pero más tarde, más tarde."

## De Tuxpan, Veracruz, a Cuba

El 25 de noviembre de 1956 partió la expedición con ochenta y dos hombres a bordo. No todos los que habían recibido preparación militar pudieron hacerlo. No cabían los pesados, los gordos tenían que quedarse.

Casi de madrugada, bajo la lluvia pertinaz que caía, pues había un norte en el Golfo y la navegación estaba prohibida, la mueca de los que se quedaban pasó inadvertida. Bayo fue rechazado por motivos de edad, pese a su valor personal y su experiencia guerrera y él, disciplinado como era esperado de un militar de su rango, nada dijo.

El Cuate fue el primero que vio llegar a Fidel cuando cargaba sacos de naranjas por el improvisado muelle de tablones. Venía en un coche que lo dejó en una boca-calle. Como lloviznaba, se cubrió con una larga capa. Fidel le echó el brazo por el hombro y le preguntó cómo iba la cosa.

—Bien, Fidel.

No preguntó. El brazo sobre el hombre tenía un mensaje subliminal: "Gracias, Cuate, todavía nos serás muy útil por acá. A donde vamos seguiremos necesitando tus armas y más que nunca".

Vanegas recuerda la vez que llevó a su casa a Ernesto. Había una fiestecita y algunas chicas y chicos bailaban. El Che, calladito, en un rincón, veía bailar. Entonces, Arsacio le dijo a una de las chicas presentes que lo tomara de la mano y lo sacara a bailar. Ernesto se disculpó y, para hacer sonreír a la muchacha, le dijo:

—No, no, es que yo no bailo…, le tengo miedo a las mujeres.

Y, al recordar que el Che no sabía bailar, en el abrazo de despedida, el buenazo de Arsacio se puso a llorar.

El eterno viajero se despedía de nuevo. Esta vez lo hizo de la joven intelectual peruana, Hilda Gadea, a quien reencontró en México y con la que contrajo matrimonio al enterarse de que había quedado embarazada. También de su pequeña hija, Hildita, quien había nacido a mediados de febrero de ese año 56 y que tenía los brazos tan cortos que, cuando intentó que en el adiós ella lo rodeara por el cuello, apenas alcanzó a llegar hasta sus orejas.

Poseía un control absoluto sobre sus sentimientos, aprendido a fuerza de luchar con su asma. Fue lo que lo ayudó a forjar su acerado carácter y a ocultar su bondad y su ternura.


## Mar fuerza 5

Conversé con dos de los marinos que venían en el *Granma:* Chucho Reyes y Roberto Roque. Maquinista, el primero, y piloto, el segundo.

Chucho, gran amigo del Cuate y que sufrió torturas al caer preso y no delatar la personalidad de aquel a quien todos llamaban El Cuate, me dijo:

"Como es natural, los que formábamos la tripulación de la nave fuimos los primeros en llegar a Tuxpan para acondicionarla. Éramos cinco los que sabíamos de mar. Cuando recorrimos la embarcación, yo recuerdo que nos fuimos al puente y nos miramos. Yo miré a Roque, oficial de la Marina de Guerra, hombre que podríamos llamarle eso que a los niños atrae tanto, Lobo de Mar, el más experimentado de todos nosotros, y cuando se encontró con mi vista movió la cabeza. Su semblante reflejó la duda que lo embargaba: ¿aguantará?

"Collado, al timón, y con Chaumont y Pichirilo de ayudantes, formábamos el quinteto con formación marinera. Ninguno dijo nada en aquel momento, pero cuando vimos cómo empezaron a subir gente, ochenta y dos, ya sabes, más las armas, los sacos de naranjas, las galletas, las mochilas, y demás, comentamos entre nosotros que si no nos íbamos todos juntos a pique era un milagro.

"Pero como los que no eran marinos no se daban cuenta, ahí estaban, sin percatarse del peligro que iban a correr; incluso cuando se dieron cuenta de que no todos cabían, hubo forcejeo por subir por los tablones, que servían de improvisado embarcadero, y encontrar un lugar donde sentarse. Por cierto, no mencioné a otro que tenía experiencia marinera: el Che que, según supe luego, había navegado bastante como enfermero antes de graduarse como médico, pero éste, con estoicismo ejemplar, jamás se quejó de algo. ¡Qué clase de tipo Ernesto!

"Claro, la confianza de Fidel nos daba ánimo y, desatando los cabos, arrancamos los motores y enfilamos por el río Tuxpan en busca de las agitadas aguas del seno mexicano hacia mar abierto."

Por su parte, Roque me contó que entraron en el Golfo con un mar fuerza 5 que, para una embarcación como aquélla, resultaba demasiado: las olas barrían con furia la cubierta. De aquellos hombres muchos pisaban por vez primera la cubierta de una nave y no eran pocos los que no sabían nadar.

"Ya desde la salida el barquito comenzó a corcovear como potro que por primera ocasión le ponen encima una silla de montar. Se desvió de su rumbo y tuvimos que trabajar duro para que no se atravesara. Al fin, cogió mayor estrepada y rebasó el peligro.

"Los cinco pensábamos que se iba a ir por ojo, pero lo cierto es que el *Granma* resultó muy marinero; una nave con condiciones inmejorables para navegar."

Fueron siete días de travesía peligrosa que el teniente médico de la expedición, el doctor Ernesto Guevara, se pasó luchando con su asma. Pero ni el barco ni él exhalaron una queja.

Los valientes no se quejan, excepto por pena de amor, pero el Che, al parecer, ni por éstas, pues al regresar a Buenos Aires, después de separarse de Granado en Caracas, hizo un viaje a Córdoba para ver a Chichina. Su separación fue triste, cuando se despidieron en Miramar, como se desprende de lo que él mismo escribió, pero ¿cuán alegre fue el reencuentro?, ¿hubo una nueva propuesta matrimonial por parte de Ernesto como la hubo cuando se besaban en los parques y soñaban con un futuro juntos? Lo cierto fue que, un año después de haberse separado en Miramar, no se habían comunicado, por lo que su compromiso de amor, incluso ante los padres de ambos, continuaba vigente.

En una de las biografías sobre Ernesto se dice que Chichina no pudo resistir la presión de su madre para que rompiera una relación que a ésta le parecía sin futuro. El biógrafo argentino conoce desde siempre a la Familia Ferreira y a los Guevara.

Por eso fue más triste la separación definitiva... porque seguramente no la deseaban. Por eso, cuando escribí que el nombre del perrito que Ernesto regaló a Chichina era Comeback, pero no volvió, es porque el novio que partió ya no era el mismo. Él mismo, al regreso del famoso viaje que hizo con Alberto, en otro de sus diarios escribió:

"El personaje que escribió estas notas murió al pisar de nuevo tierra argentina, el que las ordena y pule. Yo no soy yo, por lo menos no soy el mismo yo interior. Ese vagar sin rumbo por nuestra Mayúscula América me ha cambiado más de lo que creí."

Por lo menos "el vagar sin rumbo" de este joven se había terminado. A partir del 2 de diciembre de 1956 su rumbo fue claro: la isla que desde 1492 fue descrita como una especie de paraíso, como la tierra "más fermosa que ojos humanos hayan visto": Cuba. Pero ésta, la Cuba a la cual se acercaban cada vez más no tenía ni un árbol, ni una flor. Era un manglar inhóspito y quemado en la parte superior como si le hubieran dado candela.

Fidel dio la orden de desembarco en la playa nombrada Las Coloradas: realmente en un manglar localizado a unos dos kilómetros de la propiamente llamada Playa Las Coloradas.

En pos de las huellas del Che, jóvenes de uno y otro sexo que representaban a los ochenta y dos expedicionarios desembarcaron allí simbólicamente, ¡y se hundieron en el fango hasta la cintura porque aquello no era una playa, sino un pantano!

Y ésa fue la primera prueba: caminar unos doscientos metros con las raíces de los manglares enredándose en las piernas de cada uno de los integrantes del grupo y rompiendo fango.


## Asma y cerco militar, primera experiencia cubana

Como había habido una delación, la marina y el ejército patrullaban la zona, y a poco tenían los aviones bombardeando y ametrallando. El Che tuvo un ataque de asma feroz. Luis Crespo, un campesino de gran fortaleza física, fue y le pidió que le diera la mochila, que se veía que casi no podía caminar, que le permitiera una ayuda. La respuesta del Che fue tajante, encarándosele:

—¡Tu madre va a ayudarme!, ¡yo vine aquí a pelear, yo no vine aquí a que me ayuden!

Crespo insistió; le dijo que él sabía que no podía caminar en aquellas condiciones porque su propio padre era asmático como él.

"Finalmente, me dejó quitarle la mochila. Creo que fue por eso, porque le dije que mi padre era asmático. Él siguió con la mochila con medicinas que traía y, claro, con el fusil. Ese sí no lo soltaba por nada."

De hecho, cuando le avisaron que debía presentarse en Tuxpan para la partida, apenas tuvo tiempo de despedirse de su esposa e hija, no cargó ropa, pero sí pensó en los demás: las medicinas eran vitales para la guerra y no las olvidó.

Por venir sobrecargado y el Golfo de México con un mar furioso, el *Granma* se atrasó en llegar a su destino. El 30 de noviembre el lugarteniente de Fidel en Cuba, un joven de veintidós años llamado Frank País, ordenó un alzamiento a las milicias del Movimiento 26 de Julio para atraer sobre ellos a las fuerzas del régimen y facilitar el desembarco.

Una valerosa joven, Celia Sánchez, hija del médico de Pilón, un pequeño puerto cercano al lugar del desembarco, había organizado a jóvenes de la zona, militantes también del 26 de julio, para esperar a los expedicionarios en camiones y llevarlos a la Sierra Maestra. Esto fracasó por la tardanza del yate.

Como después del ataque al cuartel Moncada, los jóvenes que fueron cayendo en manos de los cuerpos resultaron asesinados a sangre fría. Así murió Ñico López, también el segundo jefe de la expedición, Juan Manuel Márquez, y el jefe del pelotón de vanguardia, José Smith Comas.

Oficiales y marinos llevados desde La Habana, a las órdenes de un teniente apellidado Laurent, fueron los principales ejecutores de la matanza. Los miembros del Ejército Regular, llamados guardias rurales, tenían esposas e hijos en el territorio, amigos, y no querían mancharse las manos de sangre.

Con el apoyo de los conocedores, Laurent ordenó tirar un cerco en un lado de la carretera que iba desde Manzanillo a Pilón, para evitar que los expedicionarios pudieran atravesar la única vía asfaltada entre aquellos montes y ganar las estribaciones de la Sierra, donde, igual, había militantes del 26 de julio, organizados por un legendario luchador revolucionario, Crescencio Pérez, y sus hijos, Ignacio y Sergio. Los tres estaban a las órdenes de Celia.

Pero si estos combatientes a la órdenes de Celia y Crescencio no pudieron contactar a los expedicionarios —los estuvieron esperando con camiones en el lugar fijado; entre ellos estaban Ignacio y Sergio— para subirlos a la Sierra, otros sí les apoyaron de inmediato: los campesinos.

Los campesinos, sus mujeres e hijos, que de inmediato compartieron alimentos con ellos, curaron sus pies llagados y arriesgaron sus vidas, los protegieron y los ayudaron a cruzar, al amparo de la oscuridad, el cerco militar.

Sin el apoyo del campesinado y los casi suicidas combatientes de la guerrilla urbana, la llamada rebelión —pues la revolución comenzó con el triunfo de ésta— no hubiera alcanzado el poder tan rápidamente. Apenas veinticinco meses de lucha guerrillera rural. El Ejército Rebelde estaba formado en un noventa por ciento por campesinos y campesinas.

Claro, la guerrilla trabajó siempre en coordinación con los llamados combatientes clandestinos y otras organizaciones.

# Alegría de Pío,
# la bala que casi lo mata

Cerca de un campo sembrado de caña de azúcar que tenía el sarcástico nombre de Alegría de Pío, Ernesto conoció por vez primera el plomo enemigo en su magra persona.

Veamos lo que él escribió en *Pasajes de la guerra revolucionaria*:

*Jesús Montané y yo estábamos recostados contra un tronco hablando de nuestros respectivos hijos; comíamos la magra ración —medio chorizo y dos galletas— cuando sonó un disparo; una diferencia de segundos solamente y un huracán de balas —o al menos eso nos pareció a nuestro angustiado espíritu durante aquella prueba de fuego— se cernía sobre el grupo de 82 hombres.*

*La sorpresa había sido demasiado grande, las balas demasiado nutridas.*

*Un compañero dejó una caja de balas casi a mis pies [...] quizás ésa fue la primera vez que tuve prácticamente ante mí el dilema de mi dedicación a la medicina o a mi deber revolucionario. Tenía delante una mochila llena de medicinas y una caja de balas, las dos eran mucho peso para transportarlas juntas; tomé la caja de balas, dejando la mochila para atravesar el claro que me separaba de las cañas [...]*

*Cerca de mí, un compañero llamado Albentosa caminaba rumbo al cañaveral. Una ráfaga que no se distinguió de las de-*

*más nos alcanzó a los dos. Sentí un fuerte golpe en el pecho y una herida en el cuello; me di a mí mismo por muerto.*

El plomo pegó primero en la caja de balas y, de rebote, le alcanzó el cuello. Sangró abundantemente. Pasó otro médico que iba en la expedición pero como combatiente, Faustino Pérez, pues el médico oficial era el doctor Guevara. El Che le mostró la herida.

—No es nada —dice Faustino.

Se dejó caer bajo un árbol. El relato prosigue así:

"Inmediatamente me puse a pensar en la mejor manera de morir en ese momento que parecía todo perdido. Recordé un viejo cuento de Jack London, donde el protagonista, apoyado en un tronco de árbol, se dispone a acabar con dignidad su vida al saberse condenado a la muerte por congelación en las zonas heladas de Alaska."

Este incidente se conoció entre ellos como "la sorpresa de Alegría de Pío" ya que, efectivamente, los tomó totalmente desprevenidos.

Y tuvo consecuencias desastrosas para el naciente Ejército Rebelde, pues hasta allí iban juntos los ochenta y dos combatientes, pero en la balacera se formaron pequeños grupos que habían salido de allí por donde les fue posible, bajo el abejero mortal de los plomos. Esto facilitó la caza de ellos por Laurent y sus asesinos. Incluso, jóvenes que no pertenecían al 26 fueron apresados y asesinados sin conmiseración. Aparecían colgados de los árboles de la zona o acribillados a balazos en las guardarrayas de los cañaverales. Esto hizo destacado el apoyo de los campesinos, sus familias e hijos.

## Como un héroe de novela

Ahí estaba el Che recostado en un árbol esperando morir como el personaje de Jack London. Sin una queja, sin un lamento. Como un héroe de novela, sangraba profusamente y ya había llegado el dolor. La bala que lo alcanzó pudo haber sido una 30.07 de fusil Remington que usaba el ejército en aquel entonces o una 45 de las subametralladoras (ametralladoras de mano, pues las propiamente dichas son de trípode, como las calibre 30 y 50) Thompson que solían usar los cuerpos represivos de la tiranía contra los revolucionarios por su poco peso y gran maniobrabilidad.

En su relato dice el Che que un compañero fue alcanzado en el cuello por una bala 45 y murió. Por lo que, seguramente, la que lo hirió fue una 30.07 de Remington.

El Che contaba a un compañero que, después del triunfo de la rebelión, se sacó una placa y tenía la bala cerca de la columna vertebral. Al parecer ahí se quedó.

Ernesto prosigue así su relato:

*Por un momento quedé solo, tendido allí esperando la muerte. Almeida llegó hasta mí y me dio ánimos para seguir a pesar de los dolores; lo hice y entramos en el cañaveral.*

Juan Almeida Bosque, participante del ataque al cuartel Moncada, era uno de los tres capitanes que iban en el *Granma,* a las órdenes del único comandante, Fidel Castro Ruz. Los otros eran Raúl, y no por ser hermano de Fidel, sino porque había combatido también en el Moncada. El tercero era José Smith Comas, natural de Cárdenas, provincia de Matanzas. Sus méritos dentro de la lucha clandestina debían haber sido altos para haber merecido tal grado… En el ejército guerrillero sólo había tres grados: teniente, capitán y comandante.

Tres días después fue asesinado junto con Ñico López en Boca del Río. Almeida no sólo le daba ánimos al Che. También lo hizo con otros compañeros.

Existe una anécdota que retrata su modestia, similar a la del Che: durante treinta años se atribuyó al aguerrido comandante Camilo Cienfuegos el grito que se escuchó al iniciarse la balacera en Alegría de Pío al oír que alguien proponía rendirse: *Aquí no se rinde nadie,* seguido de una fuerte palabra.

Estas palabras sirvieron para demostrar el valor legendario de Camilo, pero como todo se sabe en Cuba, se supo que de Almeida había sido tal frase.

Continúa el relato:

*Pensaba más en la amargura de la derrota y en la inminencia de mi muerte, que en los acontecimientos de la lucha. Caminando, caminando, hasta llegar al monte espeso.*

Sangrando como el primer día, Ernesto no abandonó la caja de balas ni el fusil, pese a que ambos debían pesar bastante.

## Subiendo y bajando lomas

Comenzó una verdadera odisea para el grupo comandado por Almeida. En la dispersión que se produjo en Alegría de Pío, se formaron pequeños núcleos de dos o tres expedicionarios. Se les sumaron Ramiro Valdez, Chao y Reinaldo. El primero y el tercero, veteranos también del Moncada. Benítez era de Camaguey y fue herido en una pierna en el Moncada. Cojeaba producto del balazo que nunca llegó a sanar totalmente. Pero, además, tuvo un mérito en su haber que no es poco: era amigo, porque ambos andaban juntos en La Habana, del aprendiz de sastre Camilo Cienfuegos. Fue Benítez quien le escribió a Camilo —que, tras haber sido herido de bala en una manifestación estudiantil, se encontraba en Estados Unidos— sobre la expedición que se organizaba en México. Por eso Camilo, que en la guerrilla fue conocido como *Señor de la Vanguardia*, fue de la retaguardia, último en sumarse a ella.

Precisamente poco después del desastre del 5 de diciembre, al grupo de Almeida se incorporaron Pancho González, Pablo Hurtado y el propio Camilo.

Y fue, sí, una odisea porque no tenían comida, ni agua porque aún no habían llegado a la Maestra, donde no faltaron los ríos, arroyos y manantiales.

Dos veces, buscando agua y comida, casi cayeron en manos del ejército. Una vez, en la de Julio Laurent, el teniente ejecutor de Ñico y Smith Comas —y seis expedicionarios más—, en Boca del Toro, el día 8.

El 13 llegaron a la casa de Alfredo González que, junto con un pastor de apellido Rosabal, formaron parte de la red de Celia. Ahí tuvieron la infausta noticia de que dieciséis expedicionarios habían sido asesinados. Estas dieciséis bajas no fueron en combate.

Comieron por primera vez, tanto, que se enfermaron de diarrea. Al día siguiente, llegaron campesinos con comida y regalos para ellos. Y también llegó una noticia: Fidel estaba vivo y al cuidado de Crescencio Pérez, llamado por Paco Ignacio Taibo II *el patriarca de la rebelión serrana*.

El segundo jefe de la expedición, Juan Manuelo Márquez, no tuvo la misma suerte: apresado después del desastre de Alegría de Pío, había sido asesinado por Laurent.

## Reencuentro en Cinco Palmas

Finalmente, guiados por un miembro de la red y aprovechando lo oscuro de la noche, lograron cruzar la carreterita de Manzanillo a Pilón y comenzaron el ascenso a la Sierra Maestra.

El 20 vieron, en lo bonito de la tarde, matas de palma —insignia de Cuba que aparece en el escudo nacional— que se mecían al viento sobre una lomita entre las lomas más altas de la Maestra. Se trataba de la hermosa y rica finca de Mongo Pérez, hermano de Crescencio, llena de ganado vacuno, puercos, pavos, hermosos cafetales, un cañaveral, pero, sobre todo, un lugar fuera del control del gobierno pues Crescencio era tan temido por éste que preferían dejar tranquilo a todo el que fuera familiar suyo.

Una anécdota lo confirma: Ignacio y Sergio fueron montados en un camión junto a otros jóvenes. Laurent dio la orden de llevarlos a un lugar apartado y ametrallarlos. El sargento de la guardia rural, de Pilón, que reconoció a los dos jóvenes, se acercó al múltiple asesino y le dijo:

—Con todo respeto, teniente, quiero hacerle una sugerencia.

Con sus ademanes del matón que era, éste lo miró atravesado y le dijo:

—Dígame cuál, sargento.

—Pues que yo, siendo usted, bajaba a esos dos jóvenes y los soltaba. Son hijos de Crescencio Pérez… y si usted le mata un hijo a Crescencio, aunque usted, como dice, es y vive en La Habana, ¿ha oído hablar de Crescencio Pérez en los días que lleva en la zona?

—¡Claro que he oído! ¡Es un bandolero criminal! Seguro que está detrás de todo esto y es ¡comunista!

—Bueno…, no creo que Crescencio ni estos dos hijos sean comunistas como usted dice. Son muchachos serios, trabajadores…

—Al grano, al grano, no tengo tiempo para hablar… ¿cuál es su sugerencia?

—Que los suelte. Si usted le mata un hijo a Crescencio yo, con todo respeto, repito, no doy por su vida un kilo prieto. Se meta donde se meta, Crescencio lo buscará y lo matará, teniente.

…Y los soltó. Fueron a los únicos del grupo que no asesinó.

Mientras tanto, Sergio Pérez se encontraba en Cinco Palmas junto a su padre, cuando llegó este grupo de siete, en el que venía el Che.

Sergio me lo contó sentados ambos en un tronco de algarrobo, cuando fuimos juntos a la finca, en 1977, con estas palabras:

"Ignacio y yo, cuando Laurent nos dejó ir porque, como todos los asesinos de las dictaduras son cobardes, la fama del viejo lo asustó, nos fuimos enseguida a la finca del tío Mongo, que era el lugar escogido para que todos los expedicionarios se dirigieran allí, luego de cruzar el cerco.

"Al llegar nosotros, ya estaban allí Fidel, Raúl y otros expedicionarios.

"Recuerdo que yo estaba apilando café para descascararlo, cuando los perros empezaron a ladrar furiosamente hacia un lugar del cafetal.

"Y veo a los que no conocía y luego identifiqué. Delante venía Almeida y detrás Camilo. Por la ropa y los rostros demacrados, supe enseguida que se trataba de expedicionarios. Me extrañó que no trajera fusiles, pero cuando vino Fidel a recibirlos, luego del entusiasmo del reencuentro, supe por qué: para no ser tan visibles cuando trataban de cruzar el cerco, habían dejado las armas largas en casa de un campesino.

"Al cuidado se había quedado Pablo Hurtado, que estaba muy enfermo. La indiscreción del campesino hizo que el ejército se apareciera, tomara preso a Hurtado y confiscara las armas.

"Fidel les dijo que en la situación que ellos se encontraban, sólo las armas garantizarían su vida. Sin embargo, dos del grupo habían conservado sus pistolas ametralladoras: Almeida y el Che.

"Cuando habló para decirle a Fidel que él también, como Almeida, traía su pistola ametralladora, me di cuenta de que no era cubano. Pregunté a René Rodríguez de dónde era y me dijo que era argentino. Era el primer argentino que veía en mi vida. Venía con los zapatos destrozados, los pantalones rotos y olor a monte, como los animales que viven allí. Llegó temblando de frío y me dijo que si no tenía un saco de yute para echárselo encima. Fui a casa del tío Mongo y le conseguí uno.

"Pero, bueno, en seguida pudieron tomar agua, comer todo lo que quisieron, tomar café serrano bien fuerte que él pidió sin azúcar. Por la noche tuvieron hamacas para dormir.

"Ahí estuvieron varios días y en ésos yo me acercaba con simpatía a él, pues me admiraba que un extranjero viniera a luchar a nuestro lado. Cuando me dijeron que era médico, mi admiración creció: un médico era algo poco visto por aquellas sierras.

"Un día me preguntó si por ahí había mate. Le dije que el monte estaba lleno de éste. Me pidió que le consiguiera un poco, por favor. Era muy educado siempre: para todo decía por favor y daba las gracias.

"Entonces me fui al monte y al poco rato regresé con una bolsa llena de mate y se la di. Cuando la abrió y vio lo que había dentro, me dijo:

"—Vos, ¿qué es esto?

"—Mate, doctor…, usted quería mate.

"—¿Estas bolitas rojas son mate? ¡Qué mate más extraño!

"Entonces me explico que él se refería al mate argentino, una hierba como el té, una infusión que allá, en su país, era tan popular como el café en el nuestro.

"El mate es una semilla roja que sirve para hacer collares y con la que los niños juegan utilizándolo como bolas o canicas.

"Los dos nos reímos y así fue como tuve un compañero de armas y a mi primer amigo argentino."

El 24 de diciembre el Che vivió su primera Nochebuena cubana con el clásico lechón asado, yuca con mojo, arroz congrí, ensalada de lechuga y tomate, alguna botella de vino y, sin faltar, el ron Bacardí destilado en Santiago de Cuba.

Mongo Pérez y su esposa se afanaron por hacerle pasar un buen rato, que mitigara un poco el dolor por la reciente desaparición física de los amigos y compañeros.

Mongo tenía algo de poeta repentista e improvisó algunos versos patrióticos en honor a los caídos.

## El cuartel de la Plata: el ejército rebelde vive

El 27 de diciembre, precedidos por un guía y por la leyenda viva que era Crescencio, comenzaron a escalar la Maestra. El llano, como decían a los combatientes de las ciudades, había enviado alimentos, medicinas, ropa, zapatos y un vaporizador para el médico de la columna, el doctor Guevara, quien no tardó en llamarse a sí mismo, burlón, el matasanos.

Sergio me dijo, años después, recorriendo juntos, a caballo, la misma ruta que hicieron ellos en diciembre y enero del 57:

"Che quería entrar en combate siempre, pero todavía no había contra quién combatir, pues el ejército les había perdido la pista a los expedicionarios en su ida a Cinco Palmas; y porque Batista quería creerse el cuento de que Fidel estaba muerto, como habían afirmado algunos periódicos nacionales e internacionales.

"Por eso, Fidel decidió que debía hacer saber que él estaba vivo, que el naciente Ejército Rebelde existía y que continuaba en pie de guerra, dispuesto a la lucha."

Era, pues, necesario dar un golpe que levantara la moral de la bisoña tropa, que no había olvidado el desastre de Alegría de Pío y reclamaba acción. Era importante demostrarle a la tiranía que existíamos y que peleábamos.

Entonces escogieron un pequeño cuartel, cruzando el río La Plata. Dos campesinos informaron que en el cuartel había quince guardias. A poco detuvieron a un mayoral, administrador, de una hacienda. Venía borracho. Fidel se presentó como coronel del ejército. El tipejo alardeó de haber asesinado a dos hombres, ser batistiano y mostró unas botas mexicanas: —"Se las quité a uno de esos hijoeputas que matamos"—. Un escalofrío recorrió a los expedicionarios: ¿de cuál de sus compañeros serían? Accedió a servir de guía hasta el cuartel de la Plata. Tomaron posiciones. Eran dieciocho expedicionarios y catorce los campesinos sumados. Veintidós armas y muy pocas municiones. Si no tomaban el cuartel y se abastecían de armas y parque… quedarían a merced del enemigo.

A las 2:40 de la madrugada, Fidel abrió fuego con dos ráfagas de ametralladora. Le siguieron los fusileros. Antes de comenzar el combate, el asesino, Chico Osorio, fue ajusticiado. La sentencia la habían firmado un par de botas mexicanas. Se pidió rendición al enemigo, como en toda guerra, pero la respuesta vino en una lluvia de balas Springfield, 30-07.

Se entabló un furioso combate singular: de una parte balas sin contar; de la otra, balas contadas una a una.

Universo Sánchez le dio dos de sus nueve balas al Guajiro Crespo. Unas granadas brasileñas fueron lanzadas por el Che y Crespo contra el cuartel, pero no explotaron. Un cartucho de dinamita que tiró Raúl tampoco explotó.

Almeida, con su pelotón, combatió contra unos marinos en otra construcción al lado del cuartel. Finalmente, el jefe del cuartel, un sargento, salió corriendo cuando Universo Sánchez prendió fuego al techo del cuartel.

Che dio una primera muestra de lo que fue desde ese momento y siempre: hirió a un soldado y, debajo de una nutrida lluvia de balas, se acercó al soldado y le arrebató el fusil, regresando a su propia posición de combate.

El combate terminó cuando el sargento jefe del puesto salió huyendo. Camilo le disparó, pero no hizo blanco. Había gastado sus únicas balas y no hizo blanco. Debió ser en ese momento que decidió convertirse en el certero tirador que no logró ser esa madrugada.

Hubo varios heridos de parte de los soldados y dos muertos. Por la parte rebelde, ni un rasguño. Che soltó el fusil y curó a los soldados heridos utilizando para ello las pocas medicinas que traía desde Cinco Palmas. Durante toda la guerra hizo lo mismo.

Antes de irse, aleccionó a los guardias sobre lo que debían hacer con sus heridos. Dejó algunos analgésicos para calmar el dolor y se despidió.

A punto de partir, Fidel ordenó prender fuego al lugar donde combatieron los marinos. Habían devuelto el golpe de Alegría de Pío. Pero lo más importante: tenían ahora muchas armas ganadas en el combate; su botín de guerra fue: ocho fusiles Springfield, una ametralladora Thompson y unos mil tiros. Ellos habían gastado quinientos. También cananas, cuchillos, algún revólver calibre .45, ropa, zapatos y algo de comida.

## Rumbo al Arroyo del Infierno

El cuartel de La Plata, como muchos otros, se encontraba situado cerca de la costa, pues las vituallas y todo lo necesario les llegaba por mar. Fue por eso que unos marinos se encontraban allí cuando se produjeron los hechos.

Por eso, nuevamente, emprendieron la subida a la Maestra. Iban rumbo a Palma Mocha, cerca del río de igual nombre. Fidel previó que el ejército lanzaría detrás de ellos a una fuerza mayor y decidió montar una emboscada.

La táctica de emboscar al enemigo fue de gran efectividad en la guerra que emprendieron y usada muchas veces.

El llamado combate del Arroyo del Infierno también me fue contado por Sergio en el lugar de los hechos:

"Emboscamos al ejército en aquel lugar al lado del arroyo. Le decían del Infierno porque era un monte muy feo, al revés de casi toda la Sierra Maestra, que es de gran belleza como bosque.

"Antes del combate los nervios estaban de punta. Suponíamos que el ejército, para vengarse de la derrota de La Plata enviaría una columna numerosa detrás de nosotros. Así fue. Venían unos trescientos soldados y nosotros éramos treinta y ocho en total. Tocábamos a diez por cabeza. Ese día fue el primero de los muchos que combatimos con una desventaja numérica —y de armas— tremenda.

"Durante casi toda la guerra fue así. Teníamos que quitarle las armas y las balas a los soldados para poder continuar peleando.

"Es por eso que el argentino, como a veces le decíamos algunos, dio la segunda muestra de su valor casi suicida; su arrojo que pronto se hizo famoso en la Sierra Maestra.

"Y bien, ahí venían entrando los soldados al Infierno y, cuando estaban muy cerca de nosotros, Fidel disparó contra el soldado que iba adelante y lo fulminó.

"Pero ellos reaccionaron con efectividad. Tomaron posiciones y comenzó el combate; uno de los más fieros que recuerdo. Estaba el tiro *sato*, abundante.

"Ahí fue cuando vimos que el Che disparaba contra un soldado que se había escondido tras un bohío campesino, vacío, porque al saber que avanzaba el ejército —algo que siempre sabían porque el rumor siempre llegaba antes que los soldados—, las familias se iban a lugares más seguros.

"El primer disparo del Che falló; como en una escena de película: ¡el fusil al caer quedó clavado por la bayoneta en la tierra!

"Y ahí vimos que el argentino se puso de pie y corrió hacia el tipo. Lo hizo debajo del fuego cruzado de ellos y nosotros. Pudo haberlo matado una de nuestras balas o de ellos.

"Con una sangre fría fuera de toda proporción, le quitó el fusil, la canana de balas y regresó de nuevo a nuestras filas debajo del mismo fuego cruzado.

"Esa demostración de valor, más la que ya había dado en La Plata, comenzaron a forjar la leyenda del Che entre la población campesina."

## Combate del Uvero, derroche de coraje por ambos lados

En mayo de 1957 se decidió atacar de nuevo. Habían llegado refuerzos enviados por Frank País desde Santiago de Cuba y un cargamento de armas, lo que permitió a los rebeldes un mayor volumen de fuego al entrar en combate. Aunque las balas, como siempre, fueran pocas.

Pero, además, debían de proseguir con la táctica de que se supiera la existencia del Ejército Rebelde. Cuenta Sergio:

"Nosotros éramos ochenta hombres y una mujer, la jefa del 26 en Manzanillo, Celia Sánchez con quien se había coordinado la acción. Participaba con una carabina M-1, que Fidel le había entregado. Durante el combate permanecía a su lado.

"Los tres pelotones con sus diferentes escuadras al mando de tenientes —Ernesto, por ser teniente, dirigía una de ellas— iban tomando posiciones alrededor del cuartel sin que sus ocupantes dieran señales de haberse percatado. Luego nos dimos cuenta de que sí.

"Pues bien, a la 5:15, con su fusil de mira telescópica, Fidel abrió fuego. Lo hizo desde una pequeña elevación que le permitía una buena visión del objetivo.

"Y, como siempre, le seguimos todos nosotros con nuestras armas respectivas.

"Y vimos que nada desprevenidos estaban los guardias.

"Si balas iban para allá, balas venían para acá. Una de ellas alcanzó en medio de la frente al teniente expedicionario y veterano del ataque al cuartel de Bayamo, Julio Díaz, adscrito al Estado Mayor, que disparaba su fusil al lado de Celia y de Fidel. Murió en el acto.

"Se avanzó a pecho descubierto contra gente bien parapetada. Muchos detrás de gruesos troncos de madera, llamados bolos. La madera era de jiquí, jocuma, quiebrahacha, tan dura… que hasta hachas rompe. Era casi lo mismo que si estuvieran protegidos detrás de piezas de acero.

"Empezaron a caer algunos compañeros. Ibas avanzando y escuchabas fiu, fiu, fiu…, el plomo silbándote alrededor y de pronto escuchabas un quejido, un golpe y alguien que se desplomaba a tu lado. Dos combatientes del refuerzo enviado por País, Manals y Escalona, fueron de éstos.

"Se repetían los actos de valor, pero el cuartel no se rendía.

"Y teníamos que rendirlo al costo que fuera.

"Primero: porque de nos hacerlo nos quedaríamos sin balas para nuestras armas.

"Segundo: porque el efecto moral sería desastroso para nuestra tropa, aún no fogueada lo suficiente. En aquellas condiciones, a casi seis meses de guerrilla, no podíamos darnos el lujo de otra Alegría de Pío.

"Cuando el capitán Almeida fue herido gravemente por dos disparos, el Che pronunció tres palabras que demuestran lo que te digo:

"—¡Tenemos que ganar!"

Ernesto también escribió y describió el combate:

"Almeida avanzaba hacia la posta que defendía la entrada del cuartelito por su sector, y a mi izquierda se veía la gorra de Camilo [...] Desde mi posición, apenas a unos 50 o 60 metros de la avanzada enemiga, vi cómo, de la trinchera que estaba delante, salían dos soldados a toda carrera y a ambos les tiré, pero se refugiaron en las casas del batey que eran sagradas para nosotros. Seguimos avanzando aunque ya no quedaba nada más que un pequeño terreno, sin la más mínima hierba para ocultarse y las balas silbaban peligrosamente cerca de nosotros. En ese momento escuché un gemido y unos gritos en medio del combate. Pensé que sería de algún soldado enemigo herido y avancé arrastrándome, mientras le intimaba rendición; en realidad era el compañero Leal herido en la cabeza.

"Las tropas enemigas, bien atrincheradas, nos rechazaban con [causándoles] varias bajas y era muy difícil avanzar por la zona central; por el sector del camino de Peladerrao, Jorge Sotús trató de flanquear la posición con un ayudante llamado el Policía, pero este último fue muerto inmediatamente por el enemigo [...] otros miembros de su Pelotón trataron de avanzar, pero igualmente fueron rechazados; un compañero campesino, de apellido Vega, me parece, fue muerto; Manals, herido en un pulmón; Kike Escalona resultó con tres heridas en un brazo, la nalga y la mano al tratar de avanzar. La posta, atrincherada, tras una fuerte protección de bolos de madera, hacía fuego de fusil ametralladora y fusiles semiautomáticos, devastando nuestra pequeña tropa."

Almeida vio pasar al Che disparado:

"Desafiando la balacera en un arrojo de valentía [...] atrás iban los municionados apoyándolo con su fusil, Joel, Oñate, Manuel Acuña. Se escuchó una voz que le gritaba una frase popular de reconocimiento en Cuba: ¡Arriba, Che, que tú eres de los buenos!"

La situación requería un acto de supremo arrojo: Fidel ordenó al capitán Almeida que, con su escuadra, fuera por todo.

No se hizo repetir la orden, el valiente capitán se puso de pie y avanzó de frente al enemigo disparando constantemente junto a sus soldados. Muchas veces le habían advertido que su arrojo en combate podía costarle la vida. Por eso, cuando le alcanzaron dos disparos a la vez, como el Che en Alegría de Pío, se dio por muerto.

Pero no sólo él cayó herido: cuatro de sus hombres también lo fueron. Al escuchar que Almeida había sido herido, el Che se puso de pie y se lanzó al frente. Manuel Acuña, veterano de muchos combates por la tierra contra los latifundistas de la Sierra Maestra, también fue herido. Hombre, igual que Crescencio, con fama bien ganada de valiente, desde que salieron de Cinco Palmas, se fue pegando al argentino por aquello de que los valientes sienten simpatía por los valientes.

A su lado, el jovencito de 14 años, Joel Iglesias, que, junto a Oñate, le cargó las balas de la ametralladora, ni se inmutó por el plomo. Terminó la guerra con el grado máximo del Ejército Rebelde: comandante… y once balazos en el cuerpo.

Herido Almeida, Che prosiguió aquel avance suicida al que él mismo llamó empujón. Escribió:

*Este empujón dominó la posta y se abrió el camino del cuartel [...] Fue la acción de los dos capitanes, Guillermo García y Almeida, la que decidió el combate; cada uno liquidó a la posta asignada y permitió el asalto final.* (Nada dice de que él terminó lo que Almeida había comenzado.)

Alguien corrió la voz de que el Che había sido herido y Manuel Acuña, pese a que traía dos balazos encima, corrió a su lado.

Sergio afirmó: "Manuel era un viejo atravesado. Nada sentimental. En sus peleas a tiros junto a Crescencio contra los guardias defendiendo la tierra de los campesinos, tenía dos o tres muertos a su haber. Y a todos nos sorprendió el deseo de cuidar al Che, herido grave como estaba. Por la edad, podía ser su padre. Papá tenía sesenta y tres años cuando se alzó. Manuel debía andar por allí también".

El cuartel, finalmente, fue tomado a tiro limpio. Entonces comenzaron a salir los guardias, sin armas, dando voces de rendición. Una última ráfaga de ametralladora mató al teniente Nano Díaz.

La guerra con sus coincidencias: el primer muerto rebelde había sido un teniente, Julito Díaz. El último, también un teniente rebelde, Nano Díaz. Llevaban el mismo apellido, pero no eran parientes. Fueron los únicos muertos en acción.

El Guajiro Crespo me contó que el Che siempre lo sorprendió por su capacidad de observación. De fijarse en aquello que nadie más se fijaba.

Ernesto detalló algo sobre esto en su libro *Relatos de la Guerra Revolucionaria*:

*Tres de cinco pericos que tenían los guardias en el cuartel fueron muertos. Hay que pensar en el tamaño diminuto de este animalito para hacerse una idea de lo que le cayó al edificio en tablas. Todo esto se ha contado en pocos minutos, pero duró aproximadamente dos horas y 45 minutos desde el primer disparo hasta que logramos tomar el cuartel. Las fuerzas batistia-*

nas [tenían] 19 heridos, otros 14 prisioneros y habían escapado seis.

Los atacantes habían tenido cuatro muertos y diecinueve heridos. Dos de ellos, Leal y Silleros, tan graves, que se vieron obligados a dejarlos a cargo del médico enemigo, con la promesa de respetar sus vidas. Che sabía que Silleros no tenía salvación y, al despedirse, éste lo miró con una sonrisa triste, que a Guevara lo conmovió profundamente. Sobre esto él escribió:

*Estuve tentado en aquel momento de depositar en su frente un beso de despedida pero, en mí, más que en nadie, significaba la sentencia de muerte para el compañero y el deber indicaba que no debía amargar más sus últimos momentos con la confirmación de algo de lo que él ya tenía casi absoluta certeza.*

Y termina el relato del combate con esta evaluación del mismo:

*Fue un ataque por asalto de hombres que avanzaban a pecho descubierto contra otros que se defendían con pocas posibilidades de protección. Debe reconocerse que por ambos lados se hizo derroche de coraje.*

## Cuidando heridos: La Mesa

Junto a sus ayudantes jóvenes, Joel y Oñate, un práctico, Sinesio Torres, y Manuel Acuña, el doctor Guevara se vio obligado a ejercer de nuevo su profesión, pues, por orden de Fidel, tuvo que quedarse cuidando a los heridos del Uvero y buscar ayuda dentro del campesinado, que jamás se la había negado.

De los siete heridos, cuatro no podían caminar; entre ellos se encontraba el capitán Almeida, que en Alegría de Pío le había dado aliento y apoyo cuando creía que iba a morir. Ahora le tocaba al argentino cuidar al cubano.

Almeida se trasladaba de un lugar a otro agarrándose de los árboles. No se quejaba. Aguantó estoico, como el médico que lo cuidaba.

Los menos graves ayudaban a los que se encontraban en peor situación. La solidaridad fue, además, consuelo. Pese a las heridas, todos estaban armados y dispuestos a vender caras sus vidas, de ser sorprendidos por el ejército.

Guevara le pidió al guía que los condujera a una zona bien intrincada, donde pudieran hallar reposo los heridos y los alimentos necesarios para su recuperación. Sinesio los llevó entre la selva más espesa, más intrincada, para evitar que los pudieran ver desde lejos.

Comenzaron a subir, caminando siempre bajo la sombra de hermosos árboles centenarios que no dejaban ver el sol. El clima era agradable, sin frío ni calor.

Después de varios días, siempre ascendiendo, llegaron a lo alto de una montaña y descubrieron, a sus pies, un hermoso valle cruzado por un río donde grandes piedras semejaban juguetones gnomos bañándose. Éste les pareció hermosísimo. Todos pensaron que, en tierra tan fértil, debía vivir alguien que le pudiera vender algún alimento y, por común acuerdo, decidieron bajar.

Sin suponerlo, estaban por llegar a un sitio que jugaría un importante papel en la guerra de guerrillas y, en especial, en la vida del Che y de Camilo. Este valle recibía el nombre de La Mesa.

## Polo Torres y Juana González

Comenzaron a descender por un único triíllo cerrado a uno y otro lado por el monte, como si lo hicieran por un largo túnel todo verde. Era tan estrecho que debían ir apartando algunos gajos para poder pasar. ¿Viviría alguien allá abajo? Porque se veía que el camino lo utilizaban muy poco. Pero, de pronto, salieron del bosque y se encontraron con grandes espacios limpios de maleza. La hierba crecía hermosa y había margaritas silvestres y la flor nacional de Cuba, la mariposa, que perfumaban el aire fresco de la mañana. Aquello era un paraíso. El río seguía cantando entre los grandes pedruscos y ellos tomaron por los lados de sus orillas. Descendiendo siempre.

De pronto, se dieron de golpe con una casita blanca. Frente a ella había un mujer y un hombre que los vieron acercarse. Una niña y un niño, muy pequeños, asomaban sus cabezas agarrados a la falda de la mamá. Tenían que haber visto los fusiles que ellos cargaban, pero no parecía que esto los asustara, pues sonreían.

Habían llegado a la casa de Juana y Polo, quienes contaron aquella llegada de este modo:

"Legaron con la ropa que se les caía a pedazos. Algunos zapatos amarrada la suela con alambres o, simplemente, descalzos. Las camisas en jirones y, lo peor, varios apenas podían caminar, pues venían heridos. Heridos de bala por luchar contra la tiranía de Batista, como nos dijo el que venía al frente; un joven de piel muy blanca que dijo llamarse Ernesto, pero al que podíamos decirle simplemente Che.

"Dijo que venía con los heridos porque era médico.

"Entonces Juanita y yo nos miramos y decidimos que le teníamos que ayudar. Ofrecerle lo más hermoso que teníamos. Y eso hicimos, le ofrecimos La Mesa.

"La finca tenía cuatro caballerías y estaba llena de puercos y aves de corral. Plátanos, malanga, yuca y frutos menores. Le dijimos que podían quedarse para comer y reponerse. Ellos aceptaron.

"Maté enseguida un puerco, busqué malanga [un tubérculo parecido a la papa] y un racimo de plátano fruta, y en un dos por tres estuvo la comida. Luego tomaron café. El tal Che le pidió a Juana que no le pusiera azúcar al suyo. Jamás habíamos visto a alguien que tomara café sin azúcar. Fue la primera vez que supimos que él lo tomaba así.

"No permanecieron mucho tiempo. Juana y yo insistimos que se quedaran a reponerse, pero dijo que volverían. Ahora debían seguir su camino.

"Me pidió que lo encaminara hasta la próxima casa campesina que fueran personas de confianza.

"Fue así como los puse en las trabajadas manos de Tuto Almeida, quien tenía una finca en El Zorzal.

"Al despedirme y darnos la mano insistí en que podían quedarse en nuestra casa. Él sonrió y dijo:

"—Gracias, Polo…, vos verás que volveremos.

"Cuando regresé le dije a Juanita que había dicho eso, pero que seguro no los veríamos más. Me equivoqué.

"Habían pasado unos quince días cuando, mientras estaba yo limpiando un campo de málaga, lo vi llegar.

"—Bueno, aquí estoy, che.

"Juanita le había dicho dónde me encontraba. Sus compañeros se habían quedado tomando café que ella les hizo y él fue por mí.

"Como la primera vez, enseguida maté un puerco, saqué malangas, plátanos, yucas y les hicimos una buena comida. Siempre estaban hambrientos, hasta que llegaron a La Mesa."

Desde el punto de vista guerrero, no pudo escoger mejor lugar para establecer su comandancia. Esto era un vallecito, como un hueco, donde confluían tres altas montañas y de casi imposible acceso por tierra. Por aire no podían bajar mucho porque se hubieran estrellado con las lomas al tratar de remontar el vuelo de nuevo.

Por eso bajaban, ametrallaban, lanzaban sus bombas, pero, como lo hacían desde tan alto, no podían hacer mucho daño.

Juanita relató:

"El Che me dijo:

"—Juana, yo quiero que vos visites a las mujeres de los alrededores y les digas que aquí hay un médico, que traigan a sus hijos.

"—Ah, usted es médico.

"—Bueno (se rió), yo más bien soy un matasanos. Pero como Polo dice que aquí las mujeres nunca has visto a un médico, porque no los hay, algo podemos hacer. Vos vas a ser mi enfermera. Las podemos atender a ellas y a sus hijos.

"Puso un día para consultas, por la mañana. Las vecinas su fueron pasando el chisme unas a otras y comenzaron a venir. Estoy segura que no todas estaban enfermas, pero el joven doctor, buen mozo y llegado de tan lejos, hizo el resto."

## Se muda para la casa de Juana y Polo

Luego dijo que él también podía hacer de dentista, pero ahí que fue terrible. Los que caían en sus manos jamás volvieron a quejarse de un dolor de muelas para no poner de nuevo su boca a disposición del Che.

Camilo, que era el joven más simpático que he conocido, cuando veía que alguien quería que el Che le sacara una muela, se le acercaba y le advertía, al oído: "Cuidado, el Che nunca ha sacado una muela enferma… saca la de al lado, la sana…"

Porque Camilo era el mejor amigo del Che… Y el

único que yo vi hacerle bromas. El Che era un hombre muy serio.

Polo agregó:

"Él pidió permiso y se mudó con nosotros. Arriba, en un alto muy bonito, se quedaron sus hombres al mando de Camilo, que era capitán y su segundo mando. Para llegar a donde estaba el Che había que pasar primero por donde estaba Camilo.

"Che decía que él había descubierto a Camilo como genio guerrillero. Y cuando Fidel creó la segunda columna del ejército, que llamó la Cuatro para hacerle creer al enemigo que era esa la cantidad existente, Che le dijo que sólo le pedía algo: que le cediera al capitán del pelotón de la vanguardia.

"Y así pasó Camilo, con ese cargo, a la recién creada columna del Che.

"El alto donde se instaló Camilo, éste, con su gracia natural, le puso La Pata de La Mesa.

"Cuando le dijeron: 'Pero, capitán, las patas de la mesa están debajo de éstas y ustedes van a estar arriba', contestó con la sonrisa de siempre: 'Es que se trata de una mesa invertida, con las patas para arriba'.

"Y por eso acá abajo es La Mesa y allá arriba La Pata.

"Recuerdo que yo llegaba de las misiones que él me confiaba, y veía al Che en su rincón, durmiendo sobre el basto de su mulo, que es como una cobija que se le pone a los mulos y encima va la silla de montar. Ésa era su almohada.

"Al parecer, al fin se supo que el famoso Che estaba en La Mesa y ésta se convirtió en el blanco preferido de los aviones de guerra del régimen. Todos los días llegaban para ametrallarlos y lanzar bombas, pero, como no podían bajar mucho, como dije, no hacían mucho daño.

"Fue entonces que el Che ordenó que sacaran a las mujeres y a los niños del vallecito, pero lo increíble fue que ellas no quisieron irse. 'No, comandante', decían, 'usted nos necesita. Nos quedamos.' "

El cariño que le tenían se vio el día en que hirieron al Che.

Juana dijo:

"Yo estaba cocinando cuando vi a dos mujeres entrar por la puerta dando gritos como locas. Como venían corriendo por el monte, llegaron sofocadas y no les salían las palabras.

"Como tengo el carácter fuerte, les eché una palabrota y les dije que se calmaran. Me dijo una de ellas: '¡Hirieron al Che!' 'Eso es mentira', les dije molesta. 'Que sí, que lo hirieron en Los Altos de Conrado.'

"Pero tuve que creerlo porque a poco llegó el Che montado a caballo. Se bajó y le dije: 'Che, ¿estás herido?' Y me enseñó una herida en el pie y me dijo que no tenía importancia.

"Las dos muchachas, que vieron la escena, dejaron de llorar, pero él se había dado cuenta que la noticia —como siempre pasaba en la Sierra— se le había adelantado y que ellas estaban llorando por él.

"No dijo nada por ese carácter seco que tenía, pero yo, que convivía con él, noté la emoción y el agradecimiento en sus ojos, por aquella demostración de afecto en las dos muchachas campesinas.

"Con la ayuda mía, él mismo se curó, porque todavía no había el hospital ese que él hizo construir en La Mesa y él único médico era él mismo.

"Después dijo una cosa de esas que él decía un poco burlón. Dijo: 'Vean la importancia de tener la cabeza donde se debe tener; si yo llego a tener —como algunos— la cabeza donde se tienen los pies, ahora sería cadáver'."

Polo:

"El Che estuvo en La Mesa más de un año. Es el lugar donde creó condiciones para una larga guerra, si fuera necesario. Me ascendió a capitán. Como a mí me decían Polo el descalzo, por andar sin zapatos, desde entonces fui El Capitán Descalzo, como se me conoció desde entonces.

"Y me puso algunos ayudantes, de acuerdo a la necesidad de la tarea que me encomendara. Entonces fue que construimos un hospital, una panadería, una zapatería, una escuela, una hojalatería, una carpintería, una talabartería, una tienda en que nada se vendía porque si había algo se distribuía de acuerdo a la necesidad de cada quien. También mandó construir una armería.

"Dos lugares le merecieron especial atención: una escuela para los niños de la zona y una imprenta para tirar un periódico.

"Una compañera, Carmencita de Holguín, que había participado en el ajusticiamiento del coronel Cowley, obligada a salir de la ciudad por ser perseguida y refugiada en la Sierra, fue la maestra de esa escuela. En la imprenta había varios compañeros. El periódico que sacaron se llamaba *El Cubano Libre,* igual que uno que se publicó en la última de nuestras guerras independentistas. En cuanto a la estación de radio, se llamó Radio Rebelde. Transmitía a toda Cuba noticias sobre la guerra.

"Che escribía para el periódico en el seudónimo de El francotirador. Por la emisora, sí se identificaba como Che.

"En sus proyectos para La Mesa, incluso me mandó a limpiar un claro de selva y levantar un escenario… ¡para hacer teatro!

"Cuando, asombrado, le pregunté quiénes iban a ser las actrices y los actores me dijo que las vecinas y los vecinos de La Mesa.

"—Y las obras de teatro, ¿de dónde van a salir, comandante?

"Y me contestó muy convencido:

"—Bueno, las obras de teatro las voy a escribir yo…

"Era increíble la capacidad de trabajo que poseía y la capacidad de soñar despierto en cosas maravillosas como aquélla: ¡un teatro en medio de la selva y entre las nubes!

"Al hospital ese llevé yo al hombro a Joel la primera vez que lo hirieron. El médico era el doctor Sergio del Valle, que luego fue médico de la columna 8 cuando salió a la invasión rumbo a occidente y dos hermanas de Santiago de Cuba, Isabel y Lilia Rielo, le ayudaban. Como Isabel era doctora en farmacia, sabía de medicinas. Lilia tenía dieciocho años y era estudiante de bachillerato. Alta, de larga cabellera color miel, un cuerpo escultural y enormes ojos verdes; fue la muchacha más linda que pasó por este valle. Los muchachos rebeldes la miraban de refilón… ¡pero cuidado con faltarle al respeto a alguna mujer en La Mesa o en La Pata de La Mesa!

"Luego, las dos, al crearse el pelotón de mujeres, empuñaron un fusil y fueron valientes guerrilleras, participando en múltiples combates."

El Che también escribió algo sobre el día en que lo hirieron en Altos de Conrado:

"De pronto sentí la desagradable sensación, un poco de quemadura o de la carne dormida, señal de un balazo en el pie izquierdo que no estaba protegido por el tronco. Acababa de disparar con mi fusil, simultáneamente con la herida.

"*Oí el estrépito de gente que avanzaba rápidamente sobre mí, partiendo ramas, como a paso de carga […] revolviéndome como pude, con desesperada celeridad, llegué a empuñar la pistola en los momentos en que aparecía un compañero nuestro de nombre Cantinflas. Entre la angustia pasada y el dolor de la herida, se interponía de pronto el pobre Cantinflas, diciéndome que se retiraba porque su fusil estaba encasquillado.*"

El Che revisó el Garand, lo arregló y se lo devolvió

*con un diagnóstico que cortaba como una navaja: Usted lo que es, es un pendejo [cobarde].*

Oñate, en prueba de valentía, se puso de pie, dejó el refugio del tronco y vació el peine de su Garand, pero fue alcanzado también por una bala.

*Ya éramos dos los heridos en el mismo lugar y era difícil retirarse bajo el fuego, había que dejarse deslizar sobre los troncos de la tumba (árboles tumbados, cortados, dejados tirados sobre la tierra) y después caminar [...] heridos como estábamos y sin saber del resto de la gente. Poco a poco lo hicimos, pero Cantinflas se fue desmayando y yo que, a pesar del dolor, podía moverme mejor, llegué hasta donde estaban los demás para pedir ayuda.*

Pero la ayuda no la pidió para él sino para Cantinflas, a quien ordenó evacuar. Y luego de dar las órdenes necesarias, ya con mucho dolor y sin poder caminar, consiguió un caballo y se dirigió a La Mesa.

Allí encontró a las dos mujeres llorando. Hay una foto, que no se sabe quién la tomó, donde se ve a Ernesto acostado en el bohío de Juana y a Polo leyendo un libro de Goethe. Se le ve muy feliz y me atrevería a decir que contento con su balazo, pues sólo así podía leer acostado: un lujo en el campamento guerrillero.

También algo le ocurrió a Joel: sucede que el Che le ordenó que persiguiera a tres soldados que al chocar con ellos y formarse la balacera habían salido corriendo por entre los árboles de la selva. Con Joel iban otros tres rebeldes. Pero los soldados, en lugar de seguir corriendo, se escondieron detrás de unos árboles y cuando ellos aparecieron, como Joel era el jefe de la escuadra e iba adelante, descargaron sus armas y le dieron varios balazos.

Sus compañeros también se escondieron detrás de unos árboles y respondieron al fuego de los tres soldados. Pero éstos seguían disparando.

Al caer Joel, uno de sus compañeros gritó:

—¡Hirieron a Joel!

Y el Che, desde su trinchera, escuchó el grito. De inmediato se puso de pie y avanzó hasta donde éste se encontraba; se inclinó y tomó el Garand de éste —un fusil muy eficaz, pero muy pesado—, se lo terció al hombro y, a continuación, cargó a Iglesias sobre su espalda. Los otros tres guerrilleros tuvieron que dejar de disparar, pues, de hacerlo, podrían herir a su jefe. Esperaban verlo caer con Joel de un momento a otro, pero algo extraño sucedió: los soldados enemigos, al ver al Che cargar a Joel y retirarse con paso leve, dejaron de disparar.

Los tres guardias fueron capturados, como había ordenado Che. Los compañeros de Joel, que todavía estaban asombrados de que no hubieran disparado contra el Che —por quien el enemigo sentía odio y miedo a la vez—, les preguntaron la razón. Éstos contestaron que habían reconocido al comandante Che Guevara, pero que el gesto humano que éste había tenido con su compañero herido, y el valor extraordinario que demostró al ir de pie a rescatarlo debajo de los tiros y exponiendo su vida, les causó tanta admiración... que no le tiraron.

# El ataque al Cuartel del Bueyecito

Este relato sucedió cuando, nombrado Comandante, participó en el primer ataque al frente de una tropa, tan mal armada y tan mal vestida, que uno de sus integrantes, otro de los jóvenes guerrilleros que formaban parte de su valiente tropa, el hoy general Acevedo, que tenía quince años de edad, la llamó Los Descamisados.

El Che obtuvo dicho nombramiento cuando se constituyó la Columna 4 y le fue asignado su mando. Él lo escribió de la siguiente manera:

*[…] esta columna a la que llamaban "el desalojo campesino" (y Acevedo Descamisados), estaba constituida por 75 hombres, heterogéneamente vestidos y heterogéneamente armados, sin embargo me sentía orgulloso de ellos. Mucho más orgulloso, más ligado a la revolución, si fuera posible, más deseoso de demostrar que los galones otorgados (ya era capitán) eran merecidos, me sentiría unas noches más tarde (cuando todos los presentes firmaron una carta dirigida a Frank País y, cuando le tocó su turno a Ernesto, Fidel le dijo: —Ponle Comandante—). De ese modo y casi de soslayo quedé nombrado Comandante de la Segunda Columna de Ejército Guerrillero […] la dosis de vanidad que todos tenemos dentro hizo que me sintiera el hombre más orgulloso de la tierra ese día. El símbolo de nombramiento, una pequeña estrella, me fue dado por Celia junto con uno de los relojes de pulsera que habían entregado en Manzanillo.*

Pero Ernesto también sintió miedo como cualquier ser humano: sucedió durante el primer ataque que él dirigió al frente de la Columna 4, por la que fue ascendido a Comandante, en un pequeño pueblo llamado Bueyecito. Ocurrió el 31 de agosto de ese año 57:

*Seguimos avanzando [...] cuando el centinela del cuartel avanzó extrañado por la cantidad de perros que ladraban [...] nos topamos cara a cara, apenas a unos metros de distancia; tenía la Thompson montada y él una Garand; mi acompañante era Israel Pardo; le di el alto y el hombre, que llevaba el Garand listo, hizo un movimiento, que para mí fue suficiente: apreté el disparador con la intención de descargarle el cargador en el cuerpo; sin embargo falló la primera bala y quedé indefenso. Israel Pardo tiró, pero su pequeño fusil 22, defectuoso, tampoco disparó. No sé bien cómo Israel salió con vida, mis recuerdos alcanzan sólo para mí que, en medio del aguacero de tiros del Garand del soldado, corrí con una velocidad que nunca he vuelto a alcanzar y pasé, ya en el aire, doblando la esquina para caer en la calle transversal y arreglar ahí la ametralladora; sin embargo, el soldado impensadamente había dado la señal de ataque.*

*En lo alto de California, después de dejar los camiones, se repartieron las armas (ocupadas en el asalto), aunque mi participación en el combate fue escasa y nada heroica, pues los pocos tiros los enfrenté con la parte posterior del cuerpo, me adjudiqué un fusil ametralladora Browning, que era la joya del cuartel, yo dejé la vieja Thompson y sus peligrosísimas balas que nunca disparaban en el momento oportuno.*

Un periodista argentino, Rodolfo Walsh, opinó sobre la sinceridad de su legendario compatriota: *Que yo recuerde ningún jefe de ejército, ningún general, ningún héroe, se ha descrito a sí mismo huyendo en dos oportunidades.*

Paco Ignacio Taibo agregó en su libro lo siguiente: la primera huida había sido en Altos de Espinosa.

Sergio Pérez, parado sobre unos troncos de madera, me contó algo que tampoco ningún jefe militar en ningún ejército del mundo ha descrito sobre sí mismo. Dijo:

"En este lugar una enorme tropa del ejército casi copa al Che y un pequeño grupo que estaba con él. Al ver el peligro en que se encontraban, Che ordenó que sus hombres se replegasen. Cuando éstos le dijeron que debían hacerlo juntos, el Che dijo que él cubriría la retirada. Se posesionó detrás de ese tronco de árbol que ves allí, Mariano, y empezó a disparar él solo contra el ejército.

"¿Sabes qué hicieron sus hombres para salvarle la vida? Pues dieron la vuelta por ambos lados donde estaba el Che y, como todo esto era una selva cerrada, que él no los podía descubrir, siguieron disparando contra el enemigo para permitir que, disparando siempre su fusil ametralladora, el argentino pudiera irse retirando.

"En ningún ejército del mundo se ha visto que el jefe cubra la retirada de la tropa.

"Lo tremendo de este hombre para quien la disciplina formó parte de sus valores más defendidos fue que, cuando llegaron al campamento, los regañó por haber desobedecido su orden. Le habían salvado la vida y todavía los amonestó.

"No, qué te digo: como el Che no se ha visto otro jefe militar, guerrillero o no guerrillero."

## Otra vez entre dos fuegos

La Otilia era una finca cerca del pequeño poblado de Buey Arriba, en la orillas del caudaloso río Buey que le dio nombre. Ahí tuvo campamento el Che, mientras su comandancia continuaba en La Mesa. Desde Buey Arriba operaba contra la Sierra el coronel Sánchez Mosquera, un asesino despiadado que lo mismo mataba hombres que mujeres, como unas muchachas de apellido Aguilar que mandó asesinar.

Desde la casa de vivienda de la finca, donde el Che estableció su campamento, se veía perfectamente el poblado.

Dentro de los compañeros del Che había la idea de que Guevara había bajado hasta allí para provocar al asesino coronel y poder tomarlo preso para juzgarlo por sus múltiples crímenes contra el campesinado de esa zona de la Maestra.

De Arriba surgieron nuevos combatientes de la columna, como Misael Enamorados, que me contó de lo que fue testigo y activo participante:

"En una oportunidad vi que el Che venía solo, montado en un caballo alazán que era de Otilio Fonseca, el dueño de la Otilia, que se lo había prestado. ¿Se había vuelto loco el Che? Porque a cada rato por ahí subían y bajaban los asesinos de Sánchez Mosquera, detrás de los rebeldes. Apenas me vio, acercó su caballo al mío y me preguntó si había visto al capitán Reinaldo Mora. Le dije que sí. No dijo nada y seguimos cabalgando juntos hasta que vimos a otro guerrillero, con quien se puso a conversar.

"—Vos te vas donde está Mora y dile que me mande rápido una escuadra de sus hombres. Nosotros seguimos para el Alto de Severino. Allí me alcanzas.

"Mora no estaba lejos, por lo que le di el recado del Che y regresé a donde me había ordenado, el Alto de Severino.

"Seguimos juntos los tres y en el firme de una loma dejamos nuestros caballos y seguimos a pie, rumbo a donde otros rebeldes custodiaban unas reses que nos habían vendido para alimento de la tropa. Ya en ese entonces la comida no faltaba a los guerrilleros.

"De pronto, vi a los soldados de Mosquera que estaban subiendo para donde estaban las reses, parecía que con idea de apoderarse de ellas, robarlas, como era su hábito, pese a que la propaganda de Batista decía que los rebeldes eran cuatreros, ladrones de vacas.

"Naturalmente chocamos con ellos y enseguida comenzaron los tiros de uno y otro lado.

"Ni cruzando por encima de nosotros pueden pasar.

"Y siguió el tiroteo. Ahí fue cuando me entró un temblor en las piernas que no podía dominar. Sencillamente tenía miedo. Tremendo miedo porque conté a los guardias y eran once. A tiro de fusil estaban, por eso los pude contar. Once contra tres en aquel potrero perdido entre las nubes de tan alto.

"Fíjate si estaban cerca que, como se veía desde allí la bestia que venía montando el Che, uno le dijo a otro:

"—¡Cógele la yegua al Che! ¡Es el Che, fulano!

"Esto era más preocupante: sabían que era el Che y Mosquera había ofrecido dinero a quien matara al argentino.

"Y siguieron los plomos lloviendo sobre nosotros. Yo trataba de tumbar a alguno para hacer más pareja la cosa, pero pese a estar tan cerca, no les acertaba. El miedo, claro.

"Entonces oí que otro rebelde gritaba:

"—¡Tírese al suelo, Che, que lo van a matar!

"Y me volví a mirar al Che: ¡y estaba muy parado, derechito, parado tirándole a los guardias!

"Ahí le grité también:

"—¡Tírese al suelo, Comandante! ¡Lo van a matar!

"Yo era la primera vez que estaba en un combate a su lado. Había oído que a veces combatía de pie, pero pensaba que era una exageración de la gente… ¡pero en ese momento lo vi, con mis propios ojos, peleando de pie!

"Y no pudieron pasar…, ¡qué diablos iban a pasar! Ni

tampoco pudieron quitarle su cabalgadura, que no era yegua sino caballo.

Y ya nos íbamos pues los guardias dejaron de dispararnos, cuando aparecieron más soldados. Habíamos chocado con una avanzada, pero atrás venía el grueso de la tropa. ¡Y ahora sí aquello era un infierno! Las balas silbaban como sólo saben silbar ellas.

"En esta ocasión el Che sí ordenó retirada, pero seguía disparando de pie; caminaba dos o tres pasos y se volvía, disparaba y se volvía de nuevo, dándole el frente a los guardias. Nosotros también, claro, pero a mí me temblaban no sólo las piernas, sino todo el cuerpo.

"Mira que en la guerra yo conocí hombres valientes, pero ninguno como el Che.

"De cualquier modo yo pensaba que no íbamos a poder salir vivos de aquel potrero, pues la salvación del guerrillero, la selva, aún estaba lejos, cuando escuché silbar otras balas por encima de nuestras cabezas, pero iban en sentido contrario, rumbo al enemigo y dijo el Che:

"Ya llegó la gente de Reinaldo.

"Pero lo dijo de lo más tranquilo, te juro que ni nervioso estaba. Ahí, junto con la gente de Reinaldo, nos volteamos y le hicimos frente a los soldados aquellos que se retiraron más que aprisa. Y eso que los que vinieron con Mora era sólo un grupito, pero de los guerrilleros veteranos de la Columna 4, que eran verdaderos leones en el combate. Y los guardias le tenían un miedo bárbaro a los guerrilleros del Che y al Che."

## "Yo descubrí a Camilo"

Dos combates retratan por qué el Che dijo la frase con la que se titula este relato:

El primero de éstos se produjo contra un cuartel del ejército en un lugar llamado Pino del Agua, fuertemente armado y defendido por una compañía.

A las 5 de la mañana, Camilo avanzó a tiros sobre el cuartel, seguido de su pelotón. Lo hizo de tal manera que se metió casi entre los soldados: varios de los hombres del famoso capitán fueron alcanzados por las balas, pero siguieron disparando y avanzando. Fue entonces cuando una bala alcanzó a Virrelles, quien tuvo que soltar la ametralladora que traía y ésta cayó en un lugar sobre el que llovían las balas.

Camilo, como todo buen guerrillero, trató de recuperarla pero, a cambio, recibió un balazo en una pierna.

El Che escribió:

*A pesar de su herida, Camilo volvió a tirarse para tratar de salvar el arma, ya en las primeras luces de la madrugada y en medio de un fuego infernal; volvió a ser herido, con tan buena suerte que la bala le penetró en el abdomen saliendo por el costado, sin interesar ningún órgano vital. Mientras, salvaron a Camilo, perdiéndose la ametralladora…*

Un hecho que demostró la calidad humana y revolucionaria de Camilo se produjo en aquellos momentos. Lo relató el capitán Luis Olazábal, uno de los guerrilleros más valientes en aquella cohorte, cuando lo visité en compañía de Sergio Pérez:

"Cuando vi caer a Camilo le dije a un compañero que tratáramos de rescatar la ametralladora, pero éste, un hombre de probado valor, no era loco como yo. Y dijo:

"—Mira, Luis, mira cómo pican las balas desde aquí hasta donde cayó la Thompson. Sería un *suicido* tratar de cruzar por ahí...

"Pero yo estaba loco de dolor al ver caer a Camilo y no lo pensé dos veces: fui por la ametralladora. Y como me había advertido el compañero, fui herido enseguida por una bala de ametralladora que me entró por la pierna derecha, me hirió en los testículos y salió por la pierna izquierda, además de lanzarme a más de un metro de distancia.

"Ahí Camilo dijo:

"—¡Carguen a Luis, antes que lo hieran de nuevo o lo maten!

"Pero nadie quería ser herido también, lógico, y fue entonces que Camilo dijo:

"—¡O lo cargan ustedes o lo cargo yo! —e hizo intención de ir allí para cargarme y salvarme de una muerte segura.

"Ante esa actitud, esa orden, varios compañeros abrieron fuego contra los guardias, lo que permitió que me sacaran de allí vivo.

"En Parihuelas fuimos cargados y llevados a La Mesa, donde ya el Che había levantado ese hospital donde nos curó el doctor Sergio del Valle, ayudado por las hermanas Isabel y Lilia Rielo."

El segundo combate que elevó la fama del *Señor de la Vanguardia* a la altura de los héroes de leyenda se le conoció como el combate de La Estrella.

La jefatura de todas las fuerzas del ejército que actuaban contra la Sierra Maestra estaba en la ciudad de Bayamo, la misma que el 26 de julio de 1953 atacó Ñico López, Julio Díaz y un grupo de compañeros.

Por eso, Fidel le ordenó al Che que Camilo bajara a los llanos alrededor de Bayamo y los acosara con sus hombres. Aunque nada contento —tal vez para no alejar de sí al mejor capitán de vanguardia que tuvo el Ejército Rebelde y, por qué no, al único que lo hacía reír y le hacía bromas, muchas de ellas bastante pesadas—, el Che accedió.

Y Camilo, con lo más selecto de los combatientes de La pata de la Mesa, dejó las lomas y bajó a los llanos que atravesaban el río Cauto, el más caudaloso de toda Cuba.

La audacia de Camilo llegó a tanto, que penetró en la ciudad, que era un abejero de soldados, y le prendió fuego a una gasolinera; acción que realizó con el apoyo del 26 en Bayamo, que dirigía un joven que ya era famoso por su valor, de apellido Lara, y su segundo, Luis Castillo, quien realizó la quema.

Este grupo de guerrilleros comenzó a combatir con el ejército casi todos días.

Entonces se dio el más feroz combate de los llanos del Cauto, el de La Estrella.

Esto lo contó Luis Castillo quien, después de la acción en la gasolinera, Camilo lo invitó, por valiente, a sumarse a su tropa… de valientes. Luis relató lo siguiente:

"Estábamos reponiéndonos de una acción en el medio de un montecito llamado La Estrella, cuando fuimos sorprendidos por el ejército, que nos rodeó, incluso con una tanqueta, una especie de tanque, igual de artillado, pero con menos volumen de fuego.

"Esto pudo suceder porque, exhaustos después de tantos días sin dormir, el centinela nuestro se quedó más muerto que dormido.

"El primer disparo de cañón de la tanqueta lo levantó en el aire y, si no lo mató, fue otro de esos sucesos de la guerra que se ha dado en llamar *milagros*.

"Como todos dormíamos vestidos, con las botas puestas y con el arma entre las piernas, montada y dispuesta a entrar en acción, todos nos atrincheramos como mejor pudimos y contestamos el fuego.

"Camilo envió cuatro hombres hacia los cuatro puntos cardinales y éstos regresaron con la fea noticia de que no había brecha en aquel cerco, donde había toda una compañía enemiga.

"Camilo ordenó aguantar para esperar a la gran amiga del guerrillero: la noche. Entonces, romperíamos el cerco a tiros.

"La suerte nuestra fue que balas no faltaban y que los soldados ya habían combatido contra Camilo; y la fama de éste y sus hombres los acobardaba. No se acercaban mucho, incluso cuando la tanqueta avanzó delante pocos la siguieron.

"Ahí un morterazo del único mortero que teníamos, disparado por Rodolfo Vázquez, detuvo al tanque, que no volvió a disparar su cañón.

"El combate duró horas y recuerdo claramente que Camilo y otros compañeros, cuando al fin rompimos el cerco a tiros como éste había dicho, tenían las manos quemadas porque los cañones de sus armas, de tanto disparar, estaban al rojo vivo. En el fragor del combate, al cambiar los peines para ponerle balas de nuevo, tocaban el cañón y se habían quemado.

"Los soldados no nos persiguieron y, al amanecer del otro día, Camilo, a la orilla del hermoso río Cauto, nos felicitaba porque, además, después de horas de combate no teníamos ni siquiera un herido.

"Fue después de este combate que una noche, oyendo Radio Rebelde, escuchamos la alegre noticia de que nuestro bravo capitán había sido ascendido a Comandante."

Después de tantas acciones heroicas de Camilo y su grupo, a sugerencia de su antiguo jefe, Fidel ascendió a Camilo a comandante. Che estaba tan feliz y orgulloso como cuando lo ascendieron a él. Fue entonces que dijo, contento:

*Yo descubrí a Camilo.*

# Navidad de 1957 en El Hombrito

El 31 de diciembre de 1957 fue celebrado en lo alto del Hombrito. El Che se hizo tomar una foto con parte de su tropa, la mayoría ya veteranos, como el pequeño Joel, que comenzó a sumar en su magra constitución física balazos y actos heroicos.

Detrás del grupo había extendida una enorme bandera del 26 de julio con la palabra FELICIDADES, 1958.

Recordó Sergio Pérez:

"La diferencia entre el año 1957 y el 58 tuvo una relación directa con las piernas…

"Porque durante el año 57 ellos corrían detrás de nosotros y en el año 58 nosotros corríamos detrás de ellos.

"Con el 57 dejaron atrás el deambular días y días sin agua y sin comida, sin zapatos, sin ropa, sin medicinas y, tal vez lo más importante: sin balas para las pocas armas que tenían. La Mesa, para entonces, era ya un logro a la vista de cualquiera."

Fidel decidió entonces que la capacidad organizativa del argentino debía continuar creando en otros lados, y lo mandó al frente de una escuela de reclutas, en un lugar muy frío, llamado Minas del Frío, y en el que alguna vez existió una mina de oro, ahora abandonada.

En La Mesa quedó el recién nombrado comandante, Ramiro Valdéz, atacante del Moncada y expedicionario del *Granma*. La situación de la guerrilla permitió extender la guerra a otras partes del la provincia de Oriente y Raúl Castro, ascendido a comandante, partió al frente de una columna hacía Guantánamo, al extremo más oriental de la Isla. Almeida, con igual grado, salió con otra columna a operar en los alrededores de Santiago de Cuba.

Una vez más La Mesa adquirió un lugar relevante: ambas columnas fueron despedidas por Fidel el 24 de febrero de 1958.

La fecha fue elegida porque el 24 de febrero de 1895 comenzó la última guerra independentista de Cuba contra España.

## Nuevo choque del Che con su encarnizado enemigo, Mosquera

Una vez más el Che chocó con Mosquera, pero si en La Otilia tuvo dos combatientes a su lado… esta vez estuvo solo.

Él mismo lo escribió, con su sinceridad de siempre:

*[…] las fuerzas de Sánchez Mosquera, después de disparar a algunos morteros, subieron a la loma en medio de un griterío descomunal. Nuestra gente, con poca experiencia, no atinó a disparar salvo alguno que otro tiro aislado y salió corriendo loma abajo. Solo, en un potrero aislado, vi cómo aparecían varios cascos de soldados. Un esbirro salió corriendo ladera abajo en persecución de nuestros combatientes que se internaban en los cafetales, le disparé con la Beretta sin darle e, inmediatamente,*

*varios fusiles me localizaron, tirándome. Emprendí una zigza-*
*gueante carrera llevando sobre los hombros mil balas que lleva-*
*ba en una tremenda cartuchera de cuero y saludados por los gri-*
*tos de desprecio de algunos soldados enemigos. Al llegar cerca del*
*refugio de los árboles mi pistola se cayó. Mi único gesto altivo*
*de esa mañana triste fue frenar, volver sobre mis pasos, recoger*
*la pistola y salir corriendo, saludado esta vez por la pequeña*
*polvareda que levantaban como puntillas a mi alrededor las ba-*
*las de los fusiles [...]. El asma, piadosamente, me había deja-*
*do correr unos cuantos metros, pero se vengaba de mí y el cora-*
*zón saltaba dentro del pecho.*

Siempre se mantuvo luchando contra dos enemigos: los soldados de la tiranía… y su tirana compañera de cada día.

## Escuela de Reclutas de Minas del Frío

Poco después fue cuando el Che inició la dirección de aquella escuela de reclutas en lo alto de un lugar que, como deja claro su nombre, era verdaderamente frío.

Como Guevara tenía un gran sentido organizativo, se había decidido que era el hombre ideal para entrenar gue-rrilleros para futuras acciones.

Esto fue a finales de abril. Se supo, por los conductos de inteligencia que poseía el Llano, que la dictadura pre-paraba una gran ofensiva contra la Sierra.

Se requerían, pues, nuevos combatientes con preparación, aunque fuera mínima, en las artes de la guerra de guerrillas. Y el Che y Camilo eran los maestros indiscutibles de tales artes.

Pero Camilo, precisamente por esos días, había sido enviado a los llanos alrededor de la ciudad de Bayamo. Quedaba, pues, el otro maestro, el Che.

Disciplinado, pero nada contento de alejarse de Juana y Polo y del combate, el argentino aceptó la encomienda.

En lo que sí se equivocó el argentino fue que en Minas del Frío no tendría que enfrentar al enemigo. Peor, porque aquella vez no llegaron por tierra, lo hicieron por aire: todas las mañanas y todas las tardes, si las condiciones atmosféricas lo permitían, venían aviones a ametrallar y bombardear la escuela y, si en La Mesa era poca su efectividad, pues por tratarse de un hoyo no podían bajar mucho so pena de chocar con los acantilados laterales; aquí, como Minas del Frío estaba en el firme, en lo más elevado de una montaña, los aviones ni siquiera tenían que lanzarse en picada para atacar el lugar, por hallarse en lo alto de una loma.

Guevara construyó allí un refugio antiaéreo y, con risa burlona, cuando oían a los aviones, esperaba para ver quién era el primero en correr a esconderse. Por supuesto, como él siempre era el último, ya lo hacía con los enormes plomos de las ametralladoras calibre .50 picoteando, como gallinas los granos de maíz, a su paso. Laffeerté, ex teniente del ejército incorporado a la guerrilla después de ser apresado por ésta, recordó:

"Cierta vez, todos corrimos hacia el pequeño túnel al grito de *¡Avión!*, pero como el Che era el último, cuando llegó, no había espacio para él, ya que nos habíamos metido sin acomodarnos y sin dejar un hueco libre.

"Y afuera se quedó, bajo las balas enemigas.

"Muy molesto, cuando comenzamos a salir, nos dijo que éramos una bola de cobardes, que cuando oíamos un *avioncito* corríamos sin acordarnos de él.

"Todos bajamos la cabeza, avergonzados. Desde ese momento, procuramos dejar un espacio libre para el Che cuando llegaban los aviones."

También narró otra anécdota de Minas del Frío para demostrar que Guevara, cuando exigía algo, incluso se lo exigía a sí mismo: él le ponía tres días de castigo a quien se le escapara un tiro, pues un tiro escapado puede matar o herir a un compañero.

El castigo eran tres días sin comer, en aquellas condiciones, algo realmente muy fuerte.

Y un día, que se le escapa a él un tiro de la pistola. Se puso pálido y miró a ver si alguien había sido herido. Al comprobar que todos estábamos ilesos, llamó al cocinero y le dijo:

—Compañero, al comandante Guevara se le ha escapado un tiro de la pistola. Como usted sabe, el castigo a quien se le va un tiro son tres días sin comer. Por tanto, no eche comida para él cuando calcule cuánta comida preparar.

Y cumplió sin chistar el castigo que él mismo se había impuesto. Duro con todos, pero primero consigo mismo.

# La ofensiva del ejército

En mayo de 1958 Batista, desesperado porque nada detenía a los rebeldes que día a día se volvían más audaces, decidió enviar una gran ofensiva contra la comandancia central en La Plata, donde se encontraba Fidel.

Diez mil hombres, apoyados por barcos —en las zonas costeras— y aviones, atacaron por distintos lugares y comenzaron a escalar las montañas, muchas veces con enormes tanques de guerra abriendo camino a cañonazos.

Fidel ordenó al Che que subiera a La Plata para detener la poderosa ofensiva castrense.

También llamó a Juan Almeida, quien tenía su comandancia en las estribaciones de la Maestra, en un lugar llamado La Lata.

Trescientos guerrilleros contra diez mil: una diferencia descomunal. Aun así, en los cruentos enfrenamientos que se avecinaban, a los valerosos jóvenes de uno y otro sexo (ya hay mujeres guerrilleras, como escribí al hablar de dos de ellas, Lilia e Isabel Rielo ) no les temblaba el pulso. Certero tenía que ser el éste para dar en el blanco.

Nunca antes estuvo tan cerca Batista de hacer replegar a los guerrilleros a su situación del año 57, pues los planes de Fidel eran, si no detenían al ejército, volver de nuevo a pelear sin campamentos fijos, como al principio.

Pasar a la retaguardia enemiga y comenzar de nuevo sin perder el íntimo convencimiento de que ganarían la guerra.

## Che no está contento

Como me decía el Guajiro Crespo, el Che lo que quería era pelear, combatir; pero el comandante en jefe tenía otros planes, tanto para el Che, como para Camilo: si lograban derrotar a la ofensiva, con las armas que le quitaran al enemigo, crearían dos nuevas columnas que llevarían la guerra hacia el occidente de la Isla.

Camilo tenía una tropa de veteranos que en los llanos del Cauto, alrededor de Bayamo —como el combate de La Estrella— había realizado hazañas de leyenda y había salido con vida.

Che, al ser enviado a Minas del Frío y dejar al frente de su columna a Ramiro Valdez con sus más aguerridos combatientes, de entrar en combate tendría que hacerlo con reclutas, sin experiencia guerrera. Por eso Fidel decidió que el Che fuera su lugarteniente en las acciones por venir, yendo de un lugar a otro con las órdenes suyas; y que Camilo, por ese momento, siguiera alrededor de Bayamo de donde salían los aviones que bombardeaban la Sierra y también fuertes contingentes por tierra.

El Che, al verse privado de lo que le gustaba, guerrear, no estaba contento.

Lo estaba tan poco que, incluso, dejó de escribir en su Diario lo que por orden de Fidel se vio obligado a hacer.

Fue por eso que, en sus *Pasajes de la guerra revolucionaria,* apenas hay referencia sobre su participación en la ofensiva que había lanzado el ejército contra La Plata.

En el Che, como en Fidel, se conjugaban dos personalidades que no suelen ir juntas: el intelectual y el hombre de acción, el guerrero.

Ernesto siempre prefirió, entre la mochila de medicinas y una caja de balas, las balas, aunque en una ocasión estaba descansando acostado en su hamaca en medio del bosque y retomó su profesión de médico: junto a él, con ese instinto de los animales que buscan protección y saben dónde —en quienes les aman— se había parado en una rama un cenzontle, pajarillo cantor de la selva cubana, con una pata rota. Y ahí se vio al terrible guerrillero de malos instintos buscando algodón y esparadrapo, cortar una rama, rebajarla con su cuchillo y entablillarle al pájaro su pata, que luego confió al cuidado de la niña de Juana y Polo.

## ¡Por todos lados sube el ejército!

Ésa fue la noticia que llegó a la comandancia general de La Plata, desde Bayamo comenzaron a salir aviones a bombardear las líneas rebeldes y barcos de guerra, y desembarcaron miles de soldados por la costa sur, en las estribaciones de la Maestra.

No tomaron desprevenidos a los rebeldes, pues el Che, desde comienzos de mayo —el desembarco se realizó el día 8— tenía a sus jóvenes reclutas de Minas del Frío en febril actividad sembrando, en las veredas y triíllos que subían hacia la comandancia general, pequeñas minas para retardar al enemigo: ninguna sirvió para nada.

Pienso que Ernesto, argentino, no se había dado cuenta de que mayo era el "mes de las lluvias" en toda la Isla, y que, si en la Sierra Maestra llovía todo el año, cuánto más sería precisamente en mayo.

Y una mina casera, para llamarla de algún modo, como eran aquellas, difícilmente haría explosión después del primer aguacero.

Una tonada muy cantada en Cuba se oye a finales de abril: *Aguacero de mayo, va a llover.*

Las fuerzas de la tiranía tenía sobre las armas catorce batallones, infinidad de obuses, todo apoyado por enormes tanques —ya no eran *tanquetas* como la que detuvo Camilo y su gente en el furioso combate de La Estrella— que avanzaban disparando sus ametralladoras calibre .50, las de más volumen de fuego, y el cañón que coronaba la enorme masa de hierro.

Poca defensa había contra esos monstruos blindados. Fusiles, ametralladoras, pistolas disparaban contra ellos y las balas rebotaban en su armazón de hierro.

Sólo se les hubiera parado con obuses, bazucas y cañones… pero de éstos prácticamente carecía el ejército revolucionario.

Por supuesto, al frente de dos de estos batallones venía, desde Buey Arriba, el coronel Sánchez Mosquera, el eterno enemigo del Che.

Trató de subir por un caserío llamado Santo Domingo, y desde allí, por una empinada loma, a La Plata, para asaltar la comandancia de Fidel, que la coronaba.

Otros batallones enemigos partieron del central Estrada Palma para llegar a Las Mercedes y Jibacoa, otras elevaciones que debían atravesar primero, para poder acceder a La Plata.

Veamos cómo analizó Guevara la estrategia del mando revolucionario, cuando se produjo el primer choque, ocurrido en una zona llamada La Herradura:

*Fidel mantuvo el principio de que no importaba la cantidad de soldados enemigos, sino la cantidad de gente que nosotros necesitábamos para hacer invulnerable una posición y que a eso debíamos atenernos.*

*Ésa fue nuestra táctica y por ello todas nuestras fuerzas se fueron juntando alrededor de la comandancia para ofrecer un frente compacto. No había mucho más de 200 fusiles útiles cuando el 25 de mayo empezara la esperada Ofensiva.*

Durante treinta horas los guerrilleros combatieron a los soldados mientras recibían sobre ellos bombas y ametrallamiento desde el aire. Por tierra; disparos de cañones, bazucas y obuses, pequeños tubos que se ponían sobre el hombro para disparar esas pequeñas bombas llamadas *granadas.*

El resto de las armas, para los trescientos guerrilleros que acudieron a defender la Comandancia General, eran de poco calibre, cuando no defectuosas o con pocas balas: sólo el valor espartano de los guerrilleros podía enfrentar a las fuerzas de la tiranía.

Desde el primer choque el 25 de mayo, se sucedieron los combates como en cadena. Hasta el 31 de mayo se combatió todos los días.

El comandante, Efigenio Almeijeiras, hizo un dibujo certero de los inconvenientes que afrontó el ejército regular mientras trataba de avanzar lomas arriba. Escribió:

"Había que trasladarse por triíllos donde los hombres sólo podían moverse en fila india o por caminos banqueados hechos para caballos y arrías de mula. En un medio así, el enemigo no pudo emplear tanques ni artillería pesada y el uso de la aviación en aquella ensalada de montañas era muy relativo. Allí no resultaba fácil hacer tiro directo con cañones, ametralladoras y rockets, y las bombas lanzadas en ramilletes eran de poca efectividad".

## Camilo regresa a la Sierra: iba capitán, regresa comandante

El Che escribió:

*Camilo era llamado para cubrir mejor nuestro pequeño te-*

*rritorio que encerraba incalculables riquezas: una emisora, hos-pitales, depósito de municiones y, además, un aeropuerto situa-do entre las lomas de La Plata donde podía aterrizar una avio-neta ligera.*

Fidel le escribió el 17 de junio al Che que se debía parar una tropa enemiga que por Santo Domingo subía hacia La Plata.

Che le contestó el 18:

*Yo no he intervenido directamente atendiendo a tus órdenes de dejar Las Vegas a tu cargo, pero entiendo que debo estar en más estrecho contacto. Debes decirme con urgencia cómo se va a distribuir la gente así como supongo mañana va a caer Vegas [como sucedió, en efecto]. Y si puedo asumir la iniciativa por la retaguardia con gente de otro lado. Crescencio tiene algu-nos hombres disponibles en La Habanita. Me es imprescindible recibir respuesta antes del amanecer.*

El Che estaba seguro de que él podía detener al ejér-cito si tomaba el mando. Por eso, sin esperar respuesta de Fidel, se montó en su mulo nombrado Armando y se fue solo a Las Vegas, donde el ejército había roto con tan-ques, y el bombardeo de la aviación, la defensa rebelde, como él le había advertido a Fidel.

Cuando entró al poblado se dio cuenta que había lle-gado tarde. El ejército había hecho replegar a los guerrille-ros y cuando vieron al famoso Che Guevara, trataron de capturarlo, pero éste contestó a tiros, aunque estuviera solo.

Los guardias, que lo habían reconocido, pues no era la primera vez que lo veían, no lo persiguieron.

La certera puntería del argentino no era menos conocida que su fama de valiente. Lo más saludable, pues, era dejarlo que siguiera tranquilo en su mulo.

## Che sigue caballero Quijote en su mulo

El 20 de junio Che recibió otro mensaje de Fidel:

"Ocúpate de la línea [de defensa] de la Maestra hacia el Purgatorio hacia el alto de Mompié. Mueve la línea hasta acá, traslada los pelotones hacia esa zona que será reforzada con los veinte hombres de las Vegas. Moviliza a todos, hasta a la gente de Crescencio."

Movilizar a todos: la orden no podía ser más perentoria: a todos.

La situación se tornó por horas más peligrosa. El heroísmo rebelde se cubrió de gloria al combatir contra aviones, tanques y barcos que seguían dejando tropas fuertemente artilladas en toda la costa sur de la provincia de Oriente, o que llegaban desde Bayamo.

Los actos de valor, por lo común, ya no resultaban nada extraordinario.

También se dio en la tropa enemiga, hay que ser justos. Pero los soldados que enviaba Batista al matadero muchos eran jóvenes reclutas que habían ingresado en el ejército por hambre, por los treinta y tres miserables pesos que se les pagaba. Con lo que nadie podía mantener una familia: eran solteros.

El ejército regular siguió avanzando sierra arriba, pero, el día 23 de junio, el capitán rebelde, Ramón Paz, logró detener a una compañía enemiga que ascendía por el cauce del río La Plata, causándoles veintitrés bajas, lo que significó un golpe tremendo para las fuerzas de la tiranía, que avanzaban envalentonadas por el éxito de Las Vegas de Jibacoa.

Fidel le escribió al Che: "En el momento más oportuno".

Cuando el comandante en jefe y su lugarteniente en aquellas circunstancias, Guevara, comentaron entusiasmados el golpe asestado al enemigo, una nueva noticia les levantó el ánimo, doblemente: acababa de llegar a La Plata Camilo Cienfuegos.

En especial, la alegría fue para el argentino quien, pese a su carácter seco y poco dado a las muestras de afecto, abrazó a su mejor amigo y lo puso al tanto de los pormenores de la situación.

## Fieros combates en Las Mercedes, El Jigue y Santo Domingo

*Las Mercedes y Santo Domingo*

Este pequeño pueblo, situado en donde comienzan las elevaciones de la Sierra, había sido tomado por el ejército y por allí, aún hoy, era la vía imprescindible para subir a Santo Domingo y, llegando a éste último, se encuentra el comienzo de la loma de La Plata, donde se hallaba la comandancia general del ejército guerrillero, a las órdenes de Fidel.

Batista pensaba que si tomaba La Plata para, así, matar a Fidel, la revolución estaría liquidada.

Por eso, Che decidió retomar Las Mercedes y la atacó con sus pequeños adolescentes, muchos de la misma edad: Joel Iglesias, Oñate, los hermanos Rogelio y Enrique Acevedo, Villegas, Cuello, Tamayito (los tres últimos lo acompañaron a Bolivia), el pequeño Roberto Rodríguez, apodado por Che El Vaquerito y que luego mandó el Pelotón Suicida durante la invasión hacia el occidente de Cuba, y una pléyade de reclutas traídos de la Escuela de Minas del Frío, y que allí debutaron como guerrilleros.

Paco Ignacio escribió: "El Che estaba al frente de su banda de adolescentes, empujando".

Allí se puede ver hoy día un tanque del ejército destruido por la bazuca del capitán Mark Herman, en el centro del parque, que los vecinos de Las Mercedes construyeron a su alrededor, como vivo recuerdo del duro combate allí librado.

El 28 de junio, por primera vez, la Ofensiva Sánchez Mosquera (el más asesino y ladrón pero bravo, diría el Che) combatió contra los guerrilleros al mando del capitán rebelde Lalo Sardiñas, quien les hizo veinte muertos y veintitrés heridos; triunfo, como el del capitán Ramón

Paz, que elevó la moral guerrillera y atemorizó al ejército. Estos golpes contundentes fueron trasmitidos al pueblo a través de Radio Rebelde, que había sido trasladada a La Plata.

Se combatió luego en Santo Domingo, adonde había llegado Mosquera con lo que quedaba de su compañía, pero aún fuerte y combativa, después de salir del lugar cercano donde cayó en la emboscada de Sardiñas.

Che logró contener a las tropas enemigas en Las Mercedes, pero perdió a otros de sus jóvenes guerrilleros, Carlitos Más y Geonel Rodríguez, ambos de los que trabajan con él en la edición del *Cubano Libre*. Una bomba cayó sobre la casa donde comían en ese momento, matándolos al instante.

El hoy general Harry Villegas, que ya no se separó del Che y lo acompañó en la invasión a occidente, en la Sierra del Escambray, en la batalla de Santa Clara, durante sus años de ministro, en el Congo y luego en Bolivia, recordó cómo llegaron solos a Las Mercedes para que el argentino tomara el mando de sus jóvenes guerrilleros:

*Frente a una casa nos dieron el alto y cuando nos dimos cuenta allí estaba el ejército que comenzó a disparar, nosotros a correr, ellos a tirarnos y nosotros a correr más rápido, hasta que logramos salir. Yo creo que ésa fue la vez que más corrió el Che en su vida, porque aquello parecía una competencia de campo y pista.*

Y no fueron dos las veces que corrió el Che, hubo otra: en Las Mercedes.

Llegó julio con toda la Sierra estremecida por los intensos combates librados entre los soldados del ejército y los guerrilleros.

Por orientación del mando revolucionario, se la había pedido a las familias campesinas, especialmente a las mujeres, que se trasladaran a zonas menos peligrosas, pero, como casi todas tenían a un hijo, a un sobrino o al marido en la guerrilla, pocas lo hicieron.

Ellas también ayudaron haciéndoles llegar alimentos y otras necesidades que les permitía seguir *alzados*.

Algunas también se alzaron en un pelotón al mando de la doctora en farmacia del hospital de La Mesa, Isabel Rielo.

Las jóvenes guerrilleras cubanas hicieron derroche de heroísmo, enfrentando, ellas también, a las tropas que trataron de tomar La Plata, donde radicaba su pelotón; llamado *Mariana Grajales* en honor a la madre de Antonio Maceo, el lugarteniente general del Ejército Libertador.

Las integrantes de este pelotón femenino, que primero estuvieron en el taller de costura que había en la Comandancia general para coser o remendar los uniformes —cuando los tenían— de los combatientes masculinos, fueron también las primeras que le pidieron a Fidel que las dejara combatir, a lo que éste accedió gustoso. Entre ellas estaban: Teté Puebla, Oniria Gutiérrez, las hermanas Rielo y Olguita Guevara.

También estaba Celia, pero ella, desde el Uvero, estaba junto al comandante en jefe, como jefa del 26 en la

Sierra desde que se iniciaron los preparativos en México de la expedición del *Granma*.


## El Jigue

El 11 de julio comenzó la batalla del Jigue, que dirigió Fidel personalmente. Tenía cercado a un batallón completo y comenzó a mover tropa para rodear al ejército que había permanecido en Las Vegas, luego de vencer a los rebeldes. Camilo se posesionó allí y le escribió al Che: "Estoy rogando por que un dios ignoto nos traiga una tropa para este lugar".

Los oficiales guerrilleros, al contrario de los batistianos (excepto Sánchez Mosquera), no iban al frente de sus hombres y por eso cayeron tres capitanes en los combates contra la Ofensiva: Ramón Paz, luego de su exitoso combate en el río La Plata; Ángel Verdecia y Andrés Cuevas: los tres con el grado de capitán, y el comandante Ramos Latour, que había sucedido a Frank País en el mando de los combatientes clandestinos y que finalmente terminó también en la Sierra.

El 5 de agosto todos los refuerzos que envió Batista fueron frenados. El oficial batistiano que más cerca llegó de La Plata en su afán de matar al líder rebelde fue, por supuesto, el más corajudo: Sánchez Mosquera. El viejo enemigo personal del Che quien, cercado por las tropas guerrilleras que protegían la Plata, fue herido de bala en la cabeza. Lo que no hicieron por otros oficiales batistianos sí se hizo con Mosquera: un helicóptero, enviado desde Estrada Palma, lo sacó de Santo Domingo, debajo de un verdadero aguacero de balas, según me contó uno de los presentes.

El Che se quedó con las ganas de hacerle pagar con la vida los muchos asesinatos de campesinos y campesinas que hizo durante sus asaltos a la Sierra Maestra.

Todos los intentos de tomar La Plata habían fracasado. Y comenzó el repliegue al lugar de donde habían salido los miles de desmoralizados soldados del régimen. Se produjeron cientos de deserciones y cientos de prisioneros fueron entregados sanos y salvos a la Cruz Roja Internacional.

El 10 de agosto se dio en Las Mercedes la última página de la Ofensiva de Verano del régimen para acabar con las guerrillas de la Sierra Maestra, cuando Fidel, acompañado del Che y Celia Sánchez, discutió con el coronel batistiano Neugart otra entrega masiva de prisioneros. Los esperaba allí la hoy única general de ejército cubano, Teté Puebla, a quien Che había enviado por delante con estas sabrosas instrucciones: *Bueno, Teté, lava tu uniforme, plánchalo; tienes que ir bonita y con tu brazalete del 26 de julio, que no puedes permitir que te lo quiten.*

Teté, que ostentaba el grado de teniente en el pelotón de Las Marianas, llegó armada con su pistola y su carabina M-1, y fue recibida con sorpresa por el coronel, que no suponía una muchacha tan joven y bonita, tan limpia y planchadita, entre las que el ejército tachaba de bandidas, sucias y piojosas… cuando no de otras cosas más ofensivas a su condición femenina.

Teté sostuvo un conversación con el oficial batistiano, anunciando el propósito de la visita de Fidel, Celia y Che.

Neugart, un oficial de carrera que no había cometido crímenes de guerra, sondeó al mando rebelde sobre la posibilidad de quitar a Batista por medio de un golpe de Estado.

El Che Guevara andaba soñando nuevos combates libertarios, pues ya tenía casi organizada una nueva columna con los alumnos de la Escuela de Reclutas, y sólo esperaba que le dieran armas de las que había arrebatado el ejército durante la derrotada Ofensiva para partir hacia el centro de la Isla.

Poco después se realizó en Las Mercedes la entrega de heridos y prisioneros a la Cruz Roja, con el honor alto de que ninguno fue asesinado o maltratado. Incluso, muchos heridos fueron curados por los médicos rebeldes y el propio Che, cuando las circunstancias y la gravedad del herido así lo exigían.

Guevara detalló el resultado final de la ofensiva castrense:

*En dos meses y medio de duro batallar, el enemigo perdió más de mil hombres entre muertos, heridos, prisioneros y desertores. Dejó en nuestras manos seiscientas armas, entre las que contaban un tanque, doce morteros, doce ametralladoras de trí-*

*pode, veinticuatro fusiles ametralladoras y un sinnúmero de armas automáticas; además, enorme cantidad de parque y equipo de toda clase, y cuatrocientos cincuenta prisioneros, que fueron entregados a la Cruz Roja al finalizar la campaña.*

Unos seiscientos soldados se habían negado a cumplir órdenes o habían intentado desertar; lo que en la realidad fueron otras tantas bajas a contar.

Las bajas rebeldes fueron cincuenta, no hubo ningún desertor sino, al contrario, se sumaron, en medio de las balas y las bombas, seiscientos voluntarios, algunos de ellos del sexo femenino.

Finaliza el resumen el comandante Guevara:

*El ejército batistiano salió con su espina dorsal rota, de esta postrera ofensiva sobre la Sierra Maestra, pero aún no estaba vencido.*

## La invasión de Oriente a Occidente

*El Jíbaro, Sierra Maestra,
31 de agosto de 1958*

Parecía una fiesta de jóvenes o una obra de teatro interpretada por jóvenes actores varones y algunas actrices secundarias igualmente jovencísimas que portaban mochilas, sombreros, gorras, algunos raros uniformes verde olivo con un brazalete debajo del hombro con los siguientes número y palabras: 26 de julio.

Y casi todos con fusiles cuyo cañón sobresalía por encima de sus jóvenes cabezas.

Muchos eran casi niños y, aunque hasta hace poco estuvieran jugando con muñecas y fusiles de palos del monte cubano, portaban fusiles de verdad, fusiles libertarios.

Eran los jóvenes que habían salido, la mayoría, de la Escuela de Reclutas de Minas del Frío y que tuvieron sus primeros combates contra la tiranía en la Ofensiva y cuyo acto final se realizó en el poblado montañoso de Las Mercedes.

Con las armas que perdió el ejército, ellos se habían armado para realizar un plan guerrero muy ambicioso: llevar dos columnas guerrilleras desde la Sierra Maestra hasta el occidente de la Isla. El Che y Camilo fueron los escogidos para mandar ambas columnas.

La del Che se llamó "Ciro Redondo", en honor a uno de los expedicionarios del *Granma* que al morir era capitán y que, póstumamente, fue ascendido a comandante.

La de Camilo fue la número dos, nombrada "Osvaldo Herrera", en honor a un combatiente revolucionario que, preso y torturado, se quitó la vida en el cuartel militar de Bayamo.

La primera debía de llegar hasta Las Villas, provincia del centro, y la otra, hasta Pinar del Río, donde terminaba el largo territorio isleño. A Las Villas eran quinientos kilómetros y a Pinar del Río, mil.

El Che habló con sus jóvenes guerrilleros y dijo una frase para retratarles lo que les esperaba en la travesía por los llanos que habían de atravesar: "en el llano desayunaremos soldados, almorzaremos aviones y comeremos tanques…"

Advirtió que, probablemente, cayeran en la travesía el cincuenta por ciento de los ciento cuarenta y cuatro guerrilleros que iniciarían la marcha.

El acoso constante del hambre, bebiendo agua de los ríos, en el mejor de los casos, o de pantanos pestilentes, las plagas de jejenes y mosquitos, ríos con cocodrilos, los pies llagados, la ropa destrozada por los arbustos espinosos como el aroma y el marabú…, y todo aquello bajo el ataque constante del enemigo por tierra y por aire, debían presuponerlo aquellos que formarían parte de la Columna Invasora.

Aunque la mayoría levantó la mano en la reunión donde les habló del proyecto, pidió que lo pensaran durante tres días. Que los que quisieran permanecer en le Sierra, podían hacerlo, sin que ello fuera tomado como un gesto de cobardía.

Todos los jóvenes guerrilleros que formaban la Columna Cuatro confirmaron tres días después su disposición a *desayunar soldados, almorzar aviones y comer tanques de guerra.*

Veteranos de la Columna, como el comandante Joel Iglesias, me contó años después que, aunque su rostro no demostraba casi nunca lo que sentía su corazón, el orgullo que sintió el Che por sus muchachos, formados y educados por él en las artes de la guerra de guerrillas, fue evidente ante la unánime respuesta que, transcurridos los tres días, recibió de todos ellos.

Y el 30 de agosto echaron a caminar desde El Jíbaro rumbo al oeste lejano: Guevara tuvo una confusión en cuanto al día de salida, producto, seguro, de su febril actividad y falta de sueño en los días anteriores al inicio de la travesía.

## Primeras desventuras: primer choque con el enemigo

La primera desventura fue un ciclón. Ernesto escribió lo siguiente:

*Así fue como iniciamos la marcha el 31 de agosto sin camiones ni caballos, esperando encontrarlos luego de cruzar la carretera de Manzanillo a Bayamo. Efectivamente, cruzándola encontramos los camiones, pero también —el día 1 de septiembre— un feroz ciclón que inutilizó todas las vías de comunicación, salvo la carretera central, única pavimentada en esta región de Cuba, obligándonos a desechar el transporte en vehículos. Había que utilizar desde ese momento el caballo o ir a pie.*

*[…] Se fueron sucediendo los días que ya se tornaban difíciles a pesar de estar en el territorio amigo de Oriente: cruzando ríos desbordados, canales y arroyos convertidos en ríos, luchando fatigosamente para impedir que se nos mojara el parque,*

*las armas, los obuses; buscando caballos y dejando los caballos cansados detrás.*

*[...] Caminábamos por difíciles terrenos anegados, sufriendo el ataque de plagas de mosquitos que hacían insoportable las horas de descanso; comiendo poco y mal, bebiendo agua de los ríos pantanosos o simplemente de pantanos. Nuestras jornadas empezaron a dilatarse y hacerse verdaderamente horribles.*

"Horribles" fue la palabra calificadora que adquiere su exacta dimensión trágica al haber sido escrita por una persona con clara tendencia a disminuir el dramatismo de los hechos en que participó, que poseía un espíritu espartano y que tuvo una extraordinaria capacidad para realizar actos de valor y sacrificio.

Cuando atravesaron el río Jobabo, que separaba la provincia de Oriente del Camagüey, se produjo el primer combate con el ejército.

Guevara escribió:

*La noche del 9 de septiembre, entrando en un lugar conocido por La Federal, nuestra vanguardia cayó en una emboscada enemiga [...] muriendo Marcos Borrero, el que fuera capitán; redujimos a los guardias, que eran ocho, haciéndoles tres muertos y cuatro prisioneros que conservamos con nosotros hasta encontrar la oportunidad de soltarlos; uno escapó y dio el pitazo por lo que llegaron sesenta guardias...*

*Nuevo combate y perdimos a otro hombre, Dalcio Gutiérrez, de la Sierra.*

Del Combate de La Federal, terminó escribiendo en su informe a Fidel desde el llano:

*Herman fue herido en una pierna levemente y Enriquito Acevedo de cierta gravedad en ambos brazos.*

*Se distinguieron el mismo Acevedo, el capitán Ángel Frías y el teniente Roberto Rodríguez, Vaquerito.*

Durante el desarrollo del combate, siete soldados se atrincheraron en el chalet de dos pisos del dueño de la hacienda, Remigio Fernández, buscando la protección ente las balas rebeldes de sus gruesos muros de piedra, ladrillos y cemento. Ya habían matado a Borrero y herido al norteamericano, Herman, pero seguían los tiros de una y otra parte.

Desde lo alto del chalet, los siete guardias habían creado un cerco de balas que no permitió acercarse a los rebeldes cada vez que lo intentaban.

Entonces, Enrique se acercó al Vaquerito que había sido ascendido a teniente por sus actos de arrojo en la Sierra. Pensaba que era éste último el compañero ideal para lo que propuso: asaltar a tiro el chalet y dominar a los guardias.

Por supuesto, el Vaquerito aceptó y hablaron con el capitán Ángel Frías para que fuera él quien pidiera permiso al Che para la acción suicida. Frías lo hizo. El Che dijo que los matarían, pero finalmente accedió. Frías, como apoyo, se unió al dúo.

Paco Ignacio lo contó de este modo: "Son las 7 de la mañana cuando lo intentan mientras sus compañeros disparan contra las ventanas. Se encuentran en la planta baja vacía, van subiendo las escaleras con cautela, Ángel

Frías los cubre. Los dos voluntarios entran en uno de los cuartos y reaccionan disparando instantáneamente contra el que les parece el uniforme amarillo de la guardia rural. En el pasillo se produce una tremenda confusión. En un tiroteo casi cuerpo a cuerpo Acevedo es herido en ambos brazos, el Vaquerito se enfrenta a cinco soldados, Frías, para salir de la línea de fuego, se arroja por la escalera y se fractura el tobillo. Desde el suelo grita que va a tirar granadas, el Vaquerito continúa disparando. Los soldados se rinden".

El propio Acevedo también lo narró en su libro *Descamisados*:

"Pasamos la cerca [que rodeaba el chalet] a través de una puerta. En un instante nos encontramos pegados a la pared [...] Después de un intento de penetrar por la puerta principal, decido bordear la casa por la parte trasera. Pronto hallo la puerta de un bar. Por ella entro en la planta baja."

Acevedo abrió desde adentro la puerta principal e informó a sus compañeros —quienes todavía luchaban por abrir— que en la planta baja no había nadie. Que debían subir a la planta alta para sacar a lo guardias de su refugio, dijo al Vaquerito y a Frías.

Continúa así el texto de Enrique Acevedo:

"A la escalera le falta balaustrada, pues la casa está en proceso de restauración. Subimos en fila india. Ya en el pasillo (de la planta alta) nos encontramos con cuatro puertas. Decidimos comenzar por la más lejana. Ángel queda en el pasillo. Vaquerito y yo entramos en el primer cuarto sin pensarlo. Al ver un uniforme amarillo caqui, rompemos fuego […] al instante en el pasillo se forma la gran balacera. Salgo y desde un ángulo apoyo la retirada de Angelito que se hallaba frente a la puerta que saltaba en astillas por los disparos de los guardias. En un momento cae desde la escalera de segundo piso, lo que le provoca la luxación de un tobillo. Combatimos por turnos (el Vaquerito y Enrique): mientras uno tira, el otro carga su arma.

"A la cuarta o quinta salida, a media descarga, un golpe fuerte me arranca el fusil de las manos. Siento los brazos acalambrados. Me escondo tras una pared. Al mirar veo que la camisa está picada en el pecho. Es un ripio a nivel del bíceps izquierdo y del brazo derecho.

"Comienza a fluir la sangre, primero suavemente, luego a borbotones. El Vaquerito sigue llevando solo el fuego y le grito:

"—¿Qué hago?

"—Cuando yo tire este peine te lanzas hasta la escalera, que ya hay gente abajo.

"En ese momento un proyectil daña su arma. Se apropia de la mía. Cumple su parte.

"El pequeño Vaquerito, peleando contra cinco, los obliga a rendirse."

El Che y el doctor Fernández Mell le hicieron una primera cura.

Poco después, dada la gravedad de sus heridas, el Che

le dijo al más joven de sus guerrilleros que sería sacado a la ciudad de Camagüey para ser operado. Las desventuras del muchacho siguieron con las dolorosas operaciones, pero fue feliz porque, al despedirse de él, su comandante le dijo:

—Oiga, joven, le quiero hacer una última observación: no se ponga por ahí a hablar mierda y decir que es capitán, que usted solamente es teniente.

Acevedo escribió:

"Todos me felicitan por mi ascenso. Creo que pocos lo han recibido con esta ocurrente observación [...] Sólo deseo recuperarme, volver a la guerrilla y dirigir mi propia escuadra."

El joven fue trasladado a la ciudad de Camagüey, donde dos médicos pertenecientes al Movimiento, el doctor Iglesias y el doctor Corchado —quien durante todo el tiempo que la columna estuvo por la zona de los antiguos ingenios azucareros, Francisco y Macareño realizaron un arduo trabajo de apoyo—, lo hicieron operar por un buen cirujano y le buscaron casas y hasta un convento para esconderlo hasta su recuperación.

El 12 de diciembre, el teniente de dieciséis años, Enrique Acevedo, el más joven oficial de la Columna 8 del Che, se reincorporó a ella cuando se combatió en el macizo montañoso del Escambray, en la provincia de Las Villas.

Otro participante en la acción suicida de La Federal también recibió su premio: el camagüeyano Roberto

Rodríguez, el Vaquerito, propuso al Che la creación de un pelotón suicida para tomar los cuarteles por asalto, como se hizo con el chalet convertido en inexpugnable bastión enemigo, y que fue tomado de tal modo.

El Che, que él mismo no era más que un suicida en los combates, accedió de inmediato. El teniente Vaquerito fue ascendido a capitán y nombrado jefe del Pelotón Suicida de la Columna Invasora.

Su segundo fue otro de los adolescentes guerrilleros del Che, Leonardo Tamayo, que a tal efecto fue ascendido a teniente.

## Desayunando soldados, almorzando aviones y comiendo tanques

Así fue. Desde que fueron localizados en La Federal, sobre todo por aire, fueron visitados constantemente por los aviones de guerra B-26, cuyas ocho ametralladoras calibre .50 en su fuselaje parecían echar llamas cuando comenzaban a disparar contra un objetivo.

El avión era la máquina de guerra a la que más le temía el guerrillero. Le temía al grito de: "¡Avión!"

Un cocinero de la Columna 4, en El Jíbaro, al oír el aviso salió corriendo sin punto fijo a esconderse en cualquier lugar de la selva, hasta que se le pasaron los temblores del cuerpo. Pero, como en la paz, también en la guerra había bromistas y algunos daban el grito de "¡Avión!"

sólo para ver cómo el pobre compañero se espantaba y salía corriendo.

Éste, con gran sentido del humor también, al regresar, se burlaba de su propio miedo. Al salir la Invasión, pidió ir como cocinero y combatiente, pero el Che le escribió a Fidel que el hombre "tenía tremenda psicosis de guerra y que por eso no se lo llevaría".

Esto de las bromas está retratado muy bien en el libro de Acevedo ya citado. Los oficiales no hacían bromas a los soldados para mantener el concepto castrense de disciplina, pero sí se hacían entre éstos. Sólo un oficial le hacía bromas a sus soldados y éstos lo siguieron respetando igual: Camilo Cienfuegos. Él fue el único que también le hacía bromas pesadas al Che y éste las aguantaba.

Paco Ignacio analizó esto muy bien en su libro:

"El sábado seis de septiembre la Columna descansa en un batey llamado de la Concepción. Arriba, Camilo Cienfuegos, que ha estado marchando en paralelo y con quien el Che ha tenido frecuentes contactos; Camilo le echa el caballo encima a la hamaca y el Che va a dar al suelo. Los que no los conocen bien se espantan, ¿aguantará eso el argentino? Pero el Che y Camilo tienen ese pequeño privado mundo de bromas fuertes, jaraneo como dicen los cubanos, relajo, desmadre, al que accede poca gente. Los dos comandantes se fotografían juntos. En la foto el Che aparece descalzo." Estaba durmiendo.

Fueron avanzando bajo el asedio de los aviones y las tropas terrestres del régimen, pero lo peor eran las condiciones desfavorables de la costa sur camagüeyana, pues era una zona pantanosa donde habían de avanzar perseguidos por plagas de moscos y, sobre todo, el temible jején, tan pequeño y furioso que, por los diminutos hoyos de los mosquiteros, primero introducen su aguijón y luego su diminuto cuerpecillo que resulta casi invisible.

El Che le escribió a Fidel que, por culpa de la plaga, no podía dormir. Tanta fue la falta de sueño que algunos guerrilleros, al detener apenas la marcha, se quedaban dormidos de pie.

Entrevisté en Macareño a un invasor que, por no gustarle La Habana, pese a la oferta de Guevara de permanecer junto a él y a otros compañeros en el Ejército Rebelde, pidió la baja en 1959 y se regresó junto a su familia.

Con una sinceridad casi cómica, me contó:

"Yo me fui con unos pescadores amigos míos hasta Pilón, de donde era Celia Sánchez, pues mi padre conocía al doctor, su papá. El viejo me dio una notita de presentación para éste, diciéndole que yo era del 26 de Julio y quería incorporarme a la guerrilla. Ya esto era en los primeros meses del año 1958.

"El doctor Sánchez me preguntó si traía un arma, pues a nadie lo aceptaban sin arma. Yo le dije que me iban a tener que aceptar porque yo no sabía nadar y los amigos del barquito que me había traído ya navegaban de regreso rumbo al puerto de Santa Cruz del Sur, de donde habíamos salido. Y el único modo de regresar era con ellos porque si no tenía un arma, ¿cómo iba a tener dinero?

"Recuerdo la risa del doctor Sánchez. Luego me miró socarrón. Claro, como me contó mi padre, el buen doctor y científico toda la vida había estado curando a los campesinos de la Sierra Maestra, tuvieran o no tuvieran dinero para pagarle la consulta.

"Por eso él conocía bien cómo sabemos ser pícaros cuando queremos conseguir algo porque… ¿qué campesino no aprende a nadar en ríos y arroyos desde niño? ¿Y más viviendo cerca del mar, como mi familia?

"—Bueno, muchacho, vamos a ver qué se puede hacer por ti…

"Ahí me dio unas letras escritas en una receta con su nombre. Me brindó comida, café, y esa misma noche salí con un mensajero rebelde que llevaba unas medicinas para la Sierra. Yo iba a la zanca de su mulo.

"Al amanecer, en lo alto de una loma, me enseñó un valle muy lindo a nuestros pies, cruzado por un arroyo de grandes lajas de piedra. Me dijo:

"—Ésa es La Mesa, ahí está el Che.

"Yo ya había oído del legendario comandante argentino y me dije: qué buen jefe voy a tener.

"Cuatro horas bajando por un triíllo, con la bestia tirada por las riendas; porque el caballo, por lo estrecho, no podía cargarnos a los dos.

"Ahí fue que llegamos a La Pata de La Mesa, pues

primero había que pasar por ahí obligado para bajar hasta La Mesa.

"Y ahí estaba Camilo, y supe que era Cienfuegos porque el rebelde que me trajo me dijo apenas verlo, de pie a la puerta de un bohío de pencas de palma: ése es Camilo, el capitán del pelotón de vanguardia de la Columna 4. Antes de ver al Che tienes que ver a Camilo. Vamos.

"Saludamos a Camilo y le entregó la nota. Ni el mensajero ni mucho menos yo sabíamos su contenido, pero Camilo me dijo:

"—Es decir que eres de Camagüey, como Cándido González. Entonces debes ser valiente, como era él. En México fue ayudante de Fidel… lo mataron después del desembarco.

"Yo no sabía quién era Cándido. Apenas si uno conocía a los compañeros de la misma cédula… pero dije, bueno, si ya hay un camagüeyano valiente yo puedo tratar de ser otro. No pregunté qué decía el papel, pero parece que Sánchez arregló lo de no tener arma, pues a poco Camilo me preguntó si sabía disparar. Le dije que sí, como todos los campesinos, que aprende uno desde niño tirando con fusiles calibre .22 (que, por cierto, era lo que más abundaba en la guerrilla en esos momentos) a las palomas torcaces, a las codornices, a las guineas, a las jutias. Sí, sabía disparar.

"Entonces me dijo Camilo con una sonrisa de oreja a oreja:

"—Pero no tienes arma. No me atrevo a llevarte delante del Che, nuestro jefe, sin arma. Ya son muchos los que ha rechazado.

"—¿Y qué pasa con ellos?

"—Se tienen que regresar al lugar de donde salieron.

"Ahí si no podía volver con el cuento de que no sabía nadar, por lo que agaché la cabeza, sin saber qué decir.

"—¿Sabes cocinar?

"—Fui ayudante de cocina en el central Macareño.

"—Yo también soy ayudante, del Comandante.

"Y Camilo se rió, con esa risa tan suya como su valor, no sé cuál, si risa o valor, lo hicieron tan famoso en la Sierra.

"—Pues te salvaste. Te quedas aquí en La Pata conmigo y ascendido… (otra de sus sonrisas).

"—¿Ascendido?

"—Sí, mientras yo sigo de ayudante, tú asciendes a cocinero, ja ja ja…

"Es por eso que yo vengo en la Invasión con Camilo, no con el Che. Luego supe que Camilo había hablado con él y le había dicho que, aunque hubiera llegado sin armas, venía de Camagüey, de donde era Cándido González. Y traía una recomendación del padre de Celia, el doctor Sánchez. Y el argentino estuvo de acuerdo.

"Alrededor de una semana después, llegó a La Pata y preguntó por el camagüeyano. Muchas veces te ponían por nombre de guerra el lugar del que provenías, como el caso de otro de los adolescentes de la tropa del Che, el capitán San Luis, porque era de San Luis. El comandante Pinares porque era de Pinar del Río y al mismo Che muchos le decían el argentino o Che, que nombraba su lugar de procedencia.

"Entonces, al preguntar por el camagüeyano, pues ya todos me dijeron Camagüey. Fue para mí un honor que fuera el Che quien me diera mi nombre de guerra."

Ese día me preguntó si había conocido a Cándido González y le dije la verdad: que había oído ese nombre por primera vez cuando lo mencionó Camilo, aunque fuera camagüeyano como yo. Recuerdo bien el comentario que hizo entonces:

—Cándido fue un gran revolucionario. En México, él y el mexicano, Celaya, fueron torturados casi hasta la muerte, sin poder sacarles una sola palabra. Fidel le estimaba mucho. Por desgracia, supimos que fue asesinado a poco del desembarco del yate *Granma*.

Para los que conocimos al comandante Guevara, tan parco en sus elogios, lo que me dijo ese día de mi coterráneo no lo he olvidado nunca.

Ahí fue cuando yo le dije al camagüeyano que, cuando me dijeron de entrevistarlo, me contaron que él era otro que combatía de pie, como el Che.

Y ahí vino su respuesta sincera y sorpresiva:

—Mira, Mariano, es cierto que yo combatía de pie y que empezaron a decir que el camagüeyano era muy valiente. Y yo me reía para mis adentros y decía mira lo que son las guerras. Porque no había duda del valor del Che, de Camilo, del Vaquerito… de tantos valientes que venían en las dos columnas invasoras, pero en mi caso no fue valentía. Más bien todo lo contrario: era cobardía porque yo, de tanto sufrimiento que veníamos pasando, combatía de pie para ver si me mataban de una vez y se acababa todo.

—Y no te mataron.

—Tantos combates en la Invasión, en la campaña de Las Villas y yo, que lo que quería era que me mataran de una vez, ni siquiera una bala me hirió.

Me despedí de mi coterráneo. Sigue viviendo en el batey del central Macareño, que hoy se llama Haití. Sigue igual de sincero e igual de valiente.

## Combate en Cuatro Compañeros

El que la Columna 2 de Camilo marchara en paralelo con ellos, pero delante, tuvo un claro inconveniente: pasó Camilo y detrás venía el ejército al lugar donde había estado la Columna 2, aunque ésta ya no se encontrara en el lugar.

Por eso, luego de que la Columna 2 tuvo un combate en un caserío llamado Cuatro Compañeros, pegado a la línea férrea que va de la ciudad de Camagüey al puerto de Santa Cruz del Sur, el ejército se apresuró a situar varias emboscadas entre dicha línea y un puentecito que pasaba por encima de un pequeño arroyo, que le dio su nombre al caserío.

Si hubieran venido a pie o a caballo tal vez, con la ayuda de buenos guías, les hubiera sido factible desechar el paso del puente, pero al venir en camiones y dos *jeeps,* no les quedaba de otra que seguir el camino transitado antes por Camilo.

Cuando estuve allí, todavía una casa habitada por la misma familia de entonces guardaba en sus paredes los impactos de balas de los guardias que disparaban desde la parte occidental del puente hacia la oriental, por donde llegaban los guerrilleros.

Por suerte, la casa no era de madera, como eran la mayoría en la zona porque, como me dijo su dueño, de ser de tablas "dentro no hubiera quedado títere con cabeza".

Veamos el relato del capitán Joel Iglesias sobre aquel duro combate, según los cuenta en su magnífico libro *De la Sierra al Escambray:*

"A las 5 de la mañana aproximadamente, del domingo 14 de septiembre, a unos 60 kilómetros de nuestro campamento anterior, el *jeep* en que iba la punta de vanguardia frenó [...] El invasor, Alberto Martínez Rosales, conocido por Kike, que manejaba el *jeep* de la Punta de Vanguardia, al doblar una pequeña curva del camino a unos 80 o 100 metros del puente del arroyo Cuatro Compañeros, la entrada del caserío del mismo nombre, observó, a la luz de los faroles del *jeep,* un tractor parqueado a un lado del camino y unas sombras sospechosas que se movían. Le informó a Manuel, jefe de la Punta de Vanguardia, que creía que había soldados [...] se les avisó a los compañeros del primer camión, que creían que había una emboscada del ejército y se pasó la voz de apagar las luces de los carros.

"Uno de los que se encontraban en la emboscada del ejército gritó:

"—¡Alto!, ¿ quién va?

"Respondiendo Manuel:

"—Gente buena.

"Nuevamente se repiten las mismas palabras por ambas partes. Los soldados abrieron fuego. Nosotros, entre dormidos, comenzamos a lanzarnos de los camiones. La sorpresa fue total."

El Che escribió:

*Se creó un estado de confusión. Desconociendo totalmente la zona ordenamos marchar hacia un monte [La Federal] que se veía a media luz del alba, pero para llegar a él había que cruzar una línea sobre la cual los guardias avanzaban en dos direcciones diferentes. Hubo que entablar combate para permitir el paso a los compañeros más retrasados.*

Como el Che era hombre moderno, traía consigo una brújula. Por las estrellas (recuerden que fue marino cuando andaba de enfermero en un barco) era capaz de saber dónde se hallaban los cuatro puntos cardinales; pero la mayoría de sus hombres no sabían lo que era una brújula ni lo que eran los cuatro puntos cardinales.

El entonces teniente, Alfonso Zayas, jefe de la escuadra donde era soldado nuestro amigo Enrique Acevedo hasta el momento de caer herido, había dado en el blanco —para usar términos de guerrilleros— certeramente cuando contó que el Che ordenó que buscaran un monte hacia el sur… y el sur no se sabía si quedaba para el norte o el oeste…

Comenzó entonces una encarnizada batalla donde se puso evidencia que los soldados trataban de evitar que los guerrilleros lograran saltar la línea con dirección a occidente, mientras intentaban cercarlos para exterminarlos.

Desde ese momento, la línea del ferrocarril se convirtió en principal foco de combate: los guerrilleros tratando de cruzarla a puro balazo, los soldados, siempre con mejores armas y suficiente parque, tratando, con sus ametralladoras y mayor volumen de fuego, también a balazos, tratando de que no lo lograran.

A las 7:30 de la mañana aparecieron, en el límpido cielo camagüeyano, los temidos aviones, disparando sus ametralladoras calibre .5 y tirando bombas de 250 libras.

Continúa el relato de Joel:

"Cuando se inició el bombardeo y ametrallamiento de la aviación, nuevamente los soldados de la tiranía intentaron avanzar. La mayor parte de la columna había cruzado la línea. Se inició el combate con mayor intensidad en la posición donde se encontraba el Che. Los soldados avanzaban también por la sabana, parapetándose en los escasos árboles existentes, conminándonos a la rendición con fuertes gritos. Uno de los soldados, que se distinguía por su gran estatura y que gritaba: 'Rebeldes, salgan, que les vamos a perdonar la vida, la aviación los va a exterminar', fue abatido por un disparo hecho por uno de nuestros compañeros. Dicho soldado se nombraba Ignacio Martínez Alonso, perteneciente a la Escuela de Cadetes, y moriría (pocas horas después) a las 11 de la mañana, a consecuencia de hemorragias, en la clínica del Cuartel Agramonte, en la ciudad de Camagüey."

El ataque fue rechazado, obligando a los soldados de la tiranía a replegarse a rastras.

El Che escribió en sus *Pasajes*:

*Tuvimos que seguir combatiendo sobre la línea férrea en una extensión de no más de 200 metros, conteniendo en el avance del enemigo, pues nos faltaban hombres. Esta situación duró dos horas y media, hasta que a las 9:30 de la mañana di orden de retirada, habiendo perdido al compañero Juan, al que una bomba de 100 libras [era de 250] le destrozó la pierna derecha; tuvimos otros heridos pero a resultas del bombardeo y ametrallamiento efectuado por dos 8-26 y dos aviones a ras del monte y durante 45 minutos [...].*

Joel contó:

"El Che, alrededor de las 9:30 de la mañana, ordenó dejar varios compañeros que ofrecieran resistencia en la línea férrea, mientras al resto nos mandó penetrar monte adentro. Durante esta travesía, que fue en pequeños grupos, sucedieron muchísimos incidentes. Incluso el Che, al dar un descanso de diez minutos, se quedó dormido con el resto del grupo que marchaba con él, y al despertarse mucho después se puso muy incómodo. El cansancio fue otro de nuestros enemigos durante todo el proceso de la Invasión."

Joel escribió lo siguiente sobre la dolorosa muerte del joven Guanchi:

"Momentos antes de iniciar la aviación su acción, le ordené a Rubén Batista Ruiz, ayudante de la ametralladora (una calibre .30, de las dos que tenían los rebeldes), que fuera a avisarle al Che la posición donde nos encontrábamos.

"Éste salió acompañado del invasor Juan Hernández Suárez, conocido por Guanchi.

"[…] Mientras tanto, Emilio Oliva Hernández, de la Punta de Vanguardia, que se encontraba con Manuel Hernández y otros compañeros desde el inicio del combate, fue enviado [también] a localizar al Che, con un objetivo similar al nuestro: comunicarle la posición que ocupaban y la situación que existía en aquellos momentos. En el camino, Oliva se encontró con Guanchi […] Al observar que se acercaba uno de los aviones, le dijo a Guanchi que se tirara al suelo, cosa que éste no hizo. El avión lanzó una bomba de 250 libras, que al estallar hirió a Guanchi gravemente, desbaratándole prácticamente una pierna. Oliva resultó levemente herido, al lado izquierdo de la cintura y en el brazo derecho.

"Pocos minutos después, el Che se dirigió al lugar donde estaban los heridos. Varios compañeros cargaron a Guanchi en una hamaca. El doctor La O le vendó la pierna, tratando inútilmente de contenerle la hemorragia. Caminaron solamente unos cincuenta metros. Guanchi, en una actitud muy digna de destacar, planteó:

"—Déjenme, se van a buscar un problema. Los van a coger los guardias aquí. Váyanse.

"El Che le contestó:

"—¿Cómo nosotros te vamos a abandonar?

"Guanchi, poco más tarde, murió desangrado debido a que no se le pudo prestar la atención médica necesaria y por el carácter de las heridas recibidas."

En las distintas campañas guerrilleras que comandó el Che, ni uno sólo de los heridos fue abandonado a su suerte —como hacían los guardias, al menos que fueran oficiales, como le dijo el Che a un compañero aquella vez en La Otilia— y a merced del enemigo.

Pero no sólo jamás abandonó a uno de sus guerrilleros heridos; tampoco lo hizo con los soldados del bando opuesto, como sucedió en los ataques y toma de los cuarteles de La Plata y del Uvero; prestó atención médica sin distinción entre unos heridos y otros. De acuerdo con su nivel de gravedad, a la urgencia del caso, éstos recibían su atención como profesional de la medicina.

Joel destacó la actitud valiente y generosa de Guanchi cuando pidió que lo dejaran allí para salvar la vida de sus compañeros: *Honor a quien honor merece,* como pedía José Martí.

Guanchi era otro de aquellos jóvenes cubanos que, imitando el ejemplo del joven argentino llamado Che, jugaron a diario con la muerte, combatiendo de pie, en una constante demostración de su valor personal.

Poco a poco algunos de los guerrilleros fueron reagrupándose en el monte de La Federal, donde procedieron a sepultar el cadáver de su infortunado compañero, todo esto bajo las constantes incursiones de la aviación enemiga, que siguió bombardeando y ametrallando hasta las 12 del día, aproximadamente.

Pero todavía estaban desperdigados algunos jefes de pelotón y de escuadra, como el capitán Ángel Frías y el teniente Rogelio Acevedo, hermano de Enrique, con muchos de los hombres bajo su mando, y también de algunos pertenecientes al pelotón del capitán Silva que, protegiendo el paso de la vía férrea, resultó herido de bastante gravedad pero con un carácter estoico —como le escribió Guevara a Fidel, en los informes que solía enviarle cada vez que le era posible—, pero continuó al mando de sus guerrilleros durante el resto del combate y después del combate.

En pleno monte de La Federal dieron con el bohío de la familia formada por Rafael Borges Olazábal y Antonia Domínguez Labrada, que los recibieron con grandes muestras de cariño, algo que les alimentó el corazón, sobre todo ahora que estaban atravesando momentos tan dramáticos.

Cuando el Che, tan duro consigo mismo y con los demás a la hora de calificar, escribió a Fidel en cuanto a la situación en que se hallaban después del combate de

Cuatro Compañeros, mostró una sensibilidad innegable: *[...] El hambre y la sed, el cansancio, la sensación de impotencia frente a las fuerzas enemigas cada vez nos cercaban más y, sobre todo, la terrible enfermedad conocida por los campesinos con el nombre de mazamorra —que convertían en un martirio intolerable cada paso dado por nuestros soldados —, había hecho de éste un ejército de sombras [...]*

La frase *ejército de sombras* delata al escritor que desde niño, como todo lector infatigable, soñó ser Ernesto. En los *Pasajes* que he venido citando, el Che muchas veces hizo literatura sobre hechos reales.

El Che, ante la acogida valiente —porque todo el que ayudaba a un guerrillero tanto urbano como rural ponía en riesgo su vida y la de su familia— del matrimonio campesino, decidió establecer allí su comandancia, para tratar de reagrupar a su tropa desperdigada en los campos alrededor del poblado de Cuatro Compañeros.

Injustamente —porque somos humanos— durante años se aceptó como un hecho la falta de apoyo del campesinado camagüeyano en la Invasión, sin embargo, el mismo Che contó que constantemente tenía que rechazar a jóvenes camagüeyanos que pedían su incorporación a la guerrilla y que por falta de armas no se les aceptaba.

En cuanto a los campesinos que se ofrecían a colaborar, la muestra más palpable se dio en este lugar, en la casita de Rafael y Antonia, pues enseguida comenzaron a llegar campesinos de los alrededores y el Che los enviaba a tratar de encontrar a los guerrilleros extraviados.

Sobre estos hechos el libro de Joel ya citado es muy rico en detalles: "Poco después de llegar a esta casa, algunos campesinos vecinos de la zona, los cuales habían sido detenidos, fueron interrogados, identificándose los mismos y manifestando su disposición de ayudarnos. Después llegó otro grupo nuestro, en el que se encontraba Ramiro Valdés, con quien hablaron y se brindaron nuevamente para ayudar a buscar al resto de los compañeros que faltaban por reunirse y comunicarles que estábamos en el monte.

"El teniente Rogelio Acevedo, que se había quedado al frente de los compañeros que llegaban, nos contó que cuando aumentó la densidad del fuego enemigo, dio la orden de retirarse y empezaron a ejecutarla por saltos de uno en uno. Al retirarse se desviaron. Tomaron rumbo sursuroeste (Acevedo era estudiante de bachillerato igual que su hermano Enrique cuando se alzaron, de ahí este conocimiento del rumbo tomado) e hicieron contacto en el camino Juan B. Rodríguez y después con el grueso del pelotón del capitán Angelito Frías y algunos compañeros de otros pelotones, que sumaban en total unos 23 hombres. Pasaron el terraplén de La Forestal, rumbo sur [...] después de explorar la línea férrea, decidieron cruzarla, al observar que no había soldados en las cercanías. Llegaron a la casa del campesino Florencio Oramas Gamboa que se encontraba ubicada a unos 400 o 500 metros, monte adentro. Allí comieron carne de puerco y vianda hervida; permanecieron en esta casa hasta el posterior reagrupamiento con el grueso de la Columna."

Fue esta otra familia campesina la que les ayudó. La mujer de la casa, como era tradicional en el campo cubano, fue quien cocinó y preparó las viandas hervidas. Buscarlas y el sacrificio del puerco era tarea masculina.

El reagrupamiento que menciona Joel se produjo en donde estaba el Che, en la casa ya mencionada, en medio del monte de La Federal. Siguió Joel:

"Una vez en casa de los campesinos Rafael y Antonia, mientras éramos atendidos por éstos y otros del lugar que nos brindaron una valiosa cooperación, el Che hizo el recuento de los compañeros de la Columna. Aún no se sabía el paradero de Angelito y otros, aunque se suponía que se encontraban cerca. Habíamos establecido varias emboscadas en las principales vías de acceso cercanas a la casa, por si el ejército se decidía a penetrar en el monte. El combate había sido prolongado y tenaz. Logramos burlar al enemigo y mantener unida, en lo fundamental, a nuestra Columna, a excepción de los compañeros antes citados."

Se trataba de los diez combatientes citados antes por Joel, pero que luego se supo que, buscando su propia tropa, fueron a dar donde Camilo, y éste los autorizó a permanecer en la Columna 2, por temor a que volvieran a Cuatro Compañeros y fueran aniquilados por el ejército.

Ernesto escribió:

*En días subsiguientes fue haciéndose la reagrupación de la gente, constatando por último que diez hombres dispersados estaban en la columna de Camilo.*

## Cercados en el Central Baraguá

El central Baraguá fue uno de los colosos de lo que es hoy provincia de Ciego de Ávila, formada por casi la mitad de la antigua provincia de Camagüey. Llamaban central a las fábricas de azúcar.

Cuba era, en 1958, la principal exportadora de azúcar en Latinoamérica y esto la fuente principal de ingreso para el país. La mayoría de los centrales eran de propiedad norteamericana, así como grandes ranchos al estilo de Tejas, como el *King Ranch,* donde se pagaban sueldos de hambre, pues los capitalistas yanquis tenían por seguro que la rica y próspera isla de Cuba les pertenecía y que los colonizados de España pasaban a ser colonizados de Estados Unidos.

Los centrales tenían el equivalente de lo que son hoy la policía bancaria y otras corporaciones paramilitares, pero, en realidad, estos sólo portaban revólveres y otras armas cortas que apenas servían para amenazar a los participantes de las continuas huelgas obreras.

Estos guardias jurados no representaban obstáculo alguno para las Columnas 2 y 8 que debían cruzar cerca en su continua ruta hacia el oeste, hacia la provincia de

Las Villas, pero, como los aviones iban vigilando la marcha de los guerrilleros (y percatados los jefes castrenses que se encaminaban hacia Baraguá), trajeron cinco compañías completas con su artillería correspondiente para cortar el paso a los revolucionarios.

Che escribió sobre aquel 29 de septiembre:

*Habíamos dejado atrás la arrocera Águila* [realmente era Aguilera] y *entrado en terrenos del central Baraguá, cuando nos encontramos con que el ejército tenía totalmente bloqueada la línea que había que cruzar* [...]

Después de la amarga experiencia con otra línea férrea, la de Cuatro Compañeros, el Che quería pasar inadvertido porque se encontraban en una zona de ciénagas donde moverse con la rapidez que exige la guerra de guerrillas...

*[...] pero nos descubrieron en la marcha y de la retaguardia se repelió a los guardias con un par de tiros; pensando que los tiros provenían de los guardias emboscados en la línea, siguiendo su inveterada costumbre, ordené esperar la noche, pensando que podríamos pasar. Cuando me enteré de la escaramuza, es decir que el enemigo tenía pleno conocimiento de nuestra posición, ya era tarde para intentar el paso, pues era una noche oscura y lluviosa y no teníamos reconocimiento alguno de la posición enemiga, muy reforzada.*

El que había disparado era uno de los tenientes del pelotón de retaguardia, Armando Acosta, a quien el Che le dijo: *Ese tiro nos va a costar caro...* porque el primero en disparar fue Acosta, pero, al encasquillársele el arma, le dijo a uno de sus compañeros que también disparara. *Hubo que retroceder a brújula, permaneciendo en la zona cenagosa y de monte ralo para despistar a los aviones que, efectivamente, volcaron su ataque sobre un monte frondoso a cierta distancia de nuestra posición.*

El 30 de septiembre la situación se tornó crítica por momentos.

El Che escribió:

*Era difícil adelantar, muy difícil. Día a día, empeoran las condiciones físicas de nuestra tropa y las comidas un día sí, otro no, otro tal vez, en nada contribuían a mejorar ese nivel de miseria que estábamos soportando.*

Joel, por su parte, escribió que tenían un hambre voraz.

Y Armando Acosta contó que, antes del mencionado disparo que le iba a costar caro, él y otros compañeros de su escuadra, venían muy cargados de comida, lo que dificultaba su marcha. No detalló dónde la habían adquirido.

Sin embargo, Che no mencionó esa supuesta comida, tampoco Joel, ni Paco. En los textos de esos tres días en Baraguá no se dijo que comieran. Manuel Hernández, que en Bolivia nueve años después tuvo la misma responsabilidad que tenía aquel momento, jefe de la Punta de Vanguardia, propuso ir por comida a determinada arrocera, pero el Che le dijo:

*Manuel, yo sé que hay ánimo para buscar comida. Lo que no va a haber después es ánimo para sacarlos a ustedes. Hombres para ir a sacarlos, porque allí hay guardias.*

El 1 y 2 de octubre seguían rodeados.

Rodeados, rodeados, sin escape aparente… sólo les daba confianza el Che. Hasta ahora siempre los había conducido a la victoria y con pocas bajas en muertos y heridos.

Era un jefe que arriesgaba la vida, combatiendo de pie, pero cuidaba la de sus hombres al menor que fuera necesario, como cuando alguien dejaba un fusil extraviado y debía irlo a recuperar bajo las balas. Escribió Joel de aquellos tres días:

"El estado de agotamiento de los compañeros era tal que a veces los aviones pasaban y ametrallaban y nadie se movía de donde estaba. Había una cantidad de agua que nos daba por las rodillas y la cintura, y para protegernos del agua teníamos que sentarnos a la orilla de los árboles grandes, alrededor de cuyo tronco se formaba una especie de cayito. Así estuvimos rodeados como tres días. Nos acostábamos en un cayito de ésos, le echábamos hojas y a medida que pasaba el tiempo, como era una especie de tierra blanda, de tembladera, se iba hundiendo y llegaba el momento que uno empezaba a bajar, hasta que ya tenía medio cuerpo bajo el agua, y el agotamiento era tal, que uno se quedaba ahí durmiendo, solamente con el pecho y la cabeza fuera del agua. En esa situación podíamos verlo [al Che] cómo a cada rato se paraba de su lugar e iba a darle vueltas a los compañeros, sobre todo a los que tenían una situación más difícil, para darles ánimos y hablarles y decirles que había que tener resistencia, que había que aguantar, que teníamos que llegar".

Guevara hizo esto muchas veces bajo fuertes ataques de asma y que él se encontraba, precisamente, por su enfermedad, entre los que tenían "una situación muy difícil".

Acerca de esos tres días, veamos la valoración que hizo él mismo de su puño y letra, en los informes enviados a Fidel:

Yo *tenía que echar una descarga* [hablarles fuerte] *en medio de un marabú, descalzos y muertos de hambre, y además estaba la tropa muy indisciplinada, mucho más, con unas caras patibularias, tétricas, y no hacían caso* [...] *y entonces yo les decía que estaban escribiendo una página importante de la historia de Cuba sin darse cuenta.*

¿Cómo iban a darse cuenta si la mayoría eran personas analfabetas que no sabían ni leer ni escribir y, casi seguro, la palabra *historia* la escuchaban por primera vez en su vida?

Como dice una frase popular cubana, humorística, no irrespetuosa: "Se le fue la musa al argentino".

Se habían enviado varias exploraciones buscando un lugar por dónde atravesar el cerco tendido por el ejército a todo lo largo de la línea férrea que terminaba en un pequeño muelle por donde seguro se embarcaba azúcar y se desembarcaban mercancías para la fábrica del dulce.

Ya se había reunido con sus jóvenes guerrilleros y les había confiado, por fin, cuál era la misión encomendada por Fidel: llegar a las montañas del Escambray, a lo largo de la costa sur de la provincia de Las Villas, y crear una base guerrillera que reprodujera la base original de la Columna 1 y la creada por Guevara en La Mesa y en la montaña llamada El Hombrito (porque vista desde el llano, parecía un pequeño hombrecito).

Con guerrillas en el centro de Cuba, el régimen tendría que distraer fuerzas, lo que permitiría un descanso y una reorganización y fortalecimiento de las tropas que habían tenido que enfrentar la derrotada Ofensiva.

Después de tres días, los ánimos eran belicosos y los más jóvenes propusieron jugarse el todo por el todo y romper a tiros cerco, pagando en vidas el precio que fuera necesario.

El doctor Óscar Fernández Mell, médico de la Columna —el otro médico era La O, pero que, a pura insistencia, fue aceptado también para ir, aunque desarmado—, relató que el Che tuvo que convencer a estos impacientes de que todavía no era el momento para emprender una acción desesperada, pues pelearían en condiciones totalmente desventajosas. *Solamente si no nos queda otra salida,* dijo.

Fue el joven teniente Rogelio Acevedo, de diecisiete años de edad, en quien confió el Che para intentar encontrar, en lo que parecía un sólido cerco del ejército, el punto menos vigilado. De fracasar esta última exploración, no quedaría otro remedio que romper a tiros en encerrona.

La tensión crecía por momentos. Los guardias estaban apostados a todo lo largo de la línea férrea que iba del central Baraguá al mencionado muelle. Como en Cuatro Compañeros, se apostaron del lado oeste, de manera que, para alcanzar la provincia villareña, tuvieron que atravesar ese obstáculo.

Por la experiencia de Cuatro Compañeros, ahora la línea estaba súper reforzada, con soldados muy cerca unos de otros. Por eso fue que todas las exploraciones habían fracasado.

El teniente, Ramón Pardo Guerra, que mandó la última exploración junto con otros dos compañeros, al hablar demasiado alto y ser escuchados por los guardias, tuvieron que tirarse boca abajo en el pantano cuando las ametralladoras calibre .30 de éstos abrieron fuego graneado sobre ellos.

Sentían las balas silbar encima de sus cabezas sin poder responder, pues el Che había dicho claramente que no podían responder, para que la Columna no fuera ubicada.

Fue al regreso de Pardo, conocido por Guille, que el Che pidió nuevos voluntarios. Las misiones, que resultaban extremadamente peligrosas, Guevara pedía voluntarios para ejecutarlas.

Fue entonces que resultó escogido Acevedo, el combatiente Wilfredo Aleaga y, como guía, Ramón Guilarte quien, al ofrecerse voluntariamente, dijo que él había vivido en la zona y podía ser muy útil.

El grupo partió al atardecer, cortando ramas a su paso para orientarse al regreso. La selva era muy espesa y el fango les daba a la rodilla, por lo que tenían que caminar alzando la rodilla, y el avance resultaba muy lento y pesado.

Como sucedió con el trío anterior, al acercarse a la línea férrea para ametrallarla, como en los anteriores, no fueron repostados por los rebeldes.

Al dejar la selva, vieron las luces del muelle y embarcadero del central Baraguá y, siguiendo el rumbo de la línea que les servía de referencia, se dirigieron al mar.

Cada vez que se acercaban a la línea, los soldados barrían los alrededores con sus fusiles y sus ametralladoras. Estos, asustados, al menor ruido empezaban a disparar a la selva sobre la selva, sin que hubieran visto persona alguna.

Al seleccionar al Che y Camilo para dirigir las dos Columnas Invasoras, Fidel tomó en cuenta el efecto sicológico que estos nombres podían ejercer sobre los soldados del régimen. Ya la fama de aguerridos de ambos había alcanzado todo el territorio nacional. Y si en la Sierra Maestra fueron muchos los soldados que desertaron por temor a enfrentarse con las tropas casi suicidas de ambos comandantes, entonces, en la provincia de Oriente, quedaba la duda de con quién debían enfrentarse…, pero aquí no cabía duda alguna: o era Camilo o era el Che.

Fue por eso que, también en Oriente, al menor ruido en la floresta, comenzaban a disparar hacia todos lados, para alejar a los posibles guerrilleros.

Ya desde el combate de Pino del Agua, el nombre del Che era constante noticia en los periódicos nacionales y extranjeros.

El 16 de febrero de 1958, en uno de los más importantes periódicos de circulación nacional, *El Mundo,* apareció la siguiente información: "Reportan [los mandos militares del régimen] la baja de 16 insurgentes y Ejército expidió un comunicado, a las 5 de la tarde de ayer, negando que haya tenido lugar un importante combate con los rebeldes en Pino del Agua, al sur de Bayamo. Admítese, asimismo, en el parte oficial, que ha ocurrido alguna que otra escaramuza entre patrullas de reconocimiento del ejército y grupos de alzados, añadiendo que en el momento de emitir ese propio parte las bajas rebeldes ascienden a 16, teniendo el ejército, como resultado de dichas escaramuzas, cinco bajas. En cuanto a que haya sido herido el conocido comunista argentino *Che Guevara,* añade el comunicado, hasta ahora no se ha podido confirmar".

Al parecer confundían al Che con Camilo, quien sí fue herido en Pino del Agua, junto a Luis Olazábal y otro compañero de apellido Quiroga. También por radio daban noticias en las que el ejército generalmente invertía el número de bajas en uno y otro bando. En la información anterior, dieciséis fueron las bajas de soldados y seis las de rebeldes.

Pero la realidad fue que los soldados tuvieron entre dieciocho y veinticinco muertos, sin contar los heridos, y los rebeldes cuatro muertos: Gilberto Capote, Enrique Noda, Ángel Guevara y Raimundo Lien. El Che sumaba a un rebelde de apellido Macías, cuya suerte se desconoció al terminar el largo y violento combate.

Pero volvamos a lo que estaba sucediendo a lo largo de la línea férrea, según la reconstrucción de los hechos realizada por Luis Rosado y Felipe Suárez en su muy documentado libro *Una mancha azul en el occidente:* "Tras salir del monte alcanzaron a ver las luces del embarcadero de Baraguá; avanzaron unos doscientos metros más por el estero (terreno cenagoso por el que se extienden las aguas del mar), se detuvieron y dejaron allí a Guilarte, como medida de seguridad, porque llevaba una camisa blanca detectable en la oscuridad. Acevedo y Aleaga partieron directamente hacia la vía y pudieron determinar dónde se encontraba la última posta antes de llegar al embarcadero, así como la ausencia de guardias en esa parte. Esto les permitió subir a ella y precisar que en realidad eran dos (las postas). Exploraron unos trescientos metros en dirección al mar y el resultado fue satisfactorio: la Columna podría pasar por aquel punto.

"Una vez reunidos con Guilarte partieron al encuentro de sus compañeros, topándose en el trayecto con la vanguardia, que había situado una emboscada. Al amanecer informaron al jefe guerrillero (al Che) los frutos de su gestión.

"Su retorno provocó gran alegría en los combatientes, pues todos pensaban que habían muerto durante el tiroteo escuchado poco después de su partida. Inclusive Silva daba por segura la muerte de dos de sus más preciados hombres, y la tristeza que embargaba a todos devino en indescriptible júbilo al verles de nuevo junto a ellos."

El primero de octubre, a las 5 de la mañana, Che reunió a sus capitanes, Herman Mark, Joel Iglesias, Ángel Frías y José Ramón Silva —el primero iba herido del combate de La Federal, el segundo del combate de Cuatro Compañeros—, y les impuso de las precauciones a adoptar para el cruce. Orientó, asimismo, botar u ocultar todo objeto brillante, no hacer ruido bajo ningún concepto, advirtiendo que aquel a quien se le escapara un tiro sería castigado con el máximo rigor.

En pleno día avanzaron hasta la orilla del monte y permanecieron en espera de la noche para efectuar la operación.

Llegado el momento, la vanguardia, guiada por Wilfredo Aleaga, fue reforzada con la escuadra del Vaquerito, poseedora de una ametralladora calibre .30, para que parte de sus hombres estableciera una emboscada en la línea con el objetivo de proteger el paso del resto del personal. Finalizado el cruce, la retaguardia releyó a los emboscados hasta que el grueso de la Columna se hubo alejado.

El Che escribió en su informe a Fidel:

*Los exploradores encabezados por el teniente Acevedo descubrieron un paso en la extremidad de la línea enemiga, pues descuidaron una laguna por la que creyeron imposible el tránsito. Por esa laguna cenagosa, tratando de amortiguar en lo posible el ruido de 140 hombres chapaleando fango, caminamos cerca de dos kilómetros hasta cruzar la línea a cerca de 100 metros de la última posta de la que escuchábamos su conversación. El chapaleo, imposible de evitar totalmente, y la luna clara, me hacen pensar con visos de seguridad que el enemigo se dio cuenta de nuestra presencia, pero el bajo nivel combativo que en todo momento han demostrado los soldados de la dictadura los hicieron sordos a todo rumor sospechoso.*

*Caminamos toda la noche entre cenagales de agua marina, y parte del día siguiente. Una cuarta parte de la tropa estaba sin zapatos o con ellos en malas condiciones.*

El 3 de octubre, en un cayo cercano al central Baraguá, le pidieron a un carnicero que les sirviera de guía por sólo cuarenta y ocho horas, que no le pasaría nada. El hombre accedió, pero el Che escribió con su eterno sarcasmo: *Parece que la mujer quería cambiar de marido y mandó un chivatazo flor* [delación] *de resultas de lo cual tuvimos la visita de los 8-26 con su cargamento acostumbrado; no hubo novedad, pero debimos caminar toda la noche en una laguna llena de unas matas con hojas filosas* [cortadera] *que lastimaron los pies de algunos descalzos. La moral de la tropa iba sufriendo los impactos del hambre y la mazamorra. No podíamos descansar nunca, pues los guardias seguían nuestro rastro con la ayuda principalísima de los aviones.*

Esto lo retomé de sus informes a Fidel. En 1959, Che dio una visión más detallada de esos días, en un trabajo titulado *Una revolución que comienza* y que fue publicado en *O Cruzeiro*, de Brasil, el día 16 de junio. Escribió:

*Pasamos los días más duros cercados en las inmediaciones del central Baraguá (hoy Ecuador), en pantanos pestilentes, sin una gota de agua potable, atacados continuamente por la aviación, sin un solo caballo que nos pudiera llevar por ciénagas inhóspitas a los más débiles, con los zapatos totalmente destrozados por el agua fangosa de mar, con plantas que lastimaban los pies descalzos* [además de la cortadera estaba el temible marabú, cuyas ramas secas se depositan en el lecho de los pantanos y cuyas espinas son altamente venenosas]; *nuestra situación era realmente desastrosa al salir trabajosamente del cerco de Baraguá, y llegar a la famosa trocha de Júcaro a Morón, lugar de evocación histórica por haber sido escenario de cruentas luchas entre patriotas y españoles en la guerra de independencia.*

En Cuba hubo tres guerras independentistas: la de 1868 al 78, que duró diez años y por eso se conoce como La Guerra Grande; la de 1878 al 79, llamada La Guerra Chiquita por su corta duración, y la definitiva, de 1895 al 98, que se conoce como Guerra de Independencia, porque con ella se logró la Independencia, pese a una intervención yanqui en la Isla, que duró hasta el 20 de mayo de 1902.

Cuba fue la última de las naciones latinoamericanas en lograr su independencia. Es justo decir que varios patriotas mexicanos se fueron a luchar con los cubanos. El cariño y el amor que une a nuestros pueblos están por encima de toda valoración política y de todo gobierno.

Y también un hecho innegable: tenemos el mismo enemigo, pues ningún otro pueblo en Latinoamérica ha sufrido tanto la rapiña yanqui como México, primero, y Cuba después.

Ahora volvamos con nuestros jóvenes guerrilleros y su valiente jefe, el Che: *La tropa estaba cada vez más cansada y descorazonada. Sin embargo, cuando la situación era más tensa, cuando ya solamente al imperio del insulto, de ruegos, de exabruptos de todo tipo, podía hacer caminar a la gente exhausta, una sola visión en lontananza animó sus rostros e infundió nuevo espíritu a la guerrilla. Esa visión fue una mancha azul hacia el Occidente, la mancha azul del macizo montañoso de Las Villas, vista por vez primera por nuestros hombres. Desde ese momento las mismas privaciones, o parecidas, fueron encontradas mucho más clemente, y todo se antojó más fácil. Eludimos el último cerco cruzando a nado el río Júcaro, que divide las provincias de Camagüey y Las Villas, y ya pareció que algo nuevo nos alumbraba.*

En realidad Guevara se equivocó: las dos provincias estaban divididas por el río Jatibonico, muy caudaloso y que el que escribe estas líneas atravesó a nado en 1978 cuando, con el fotógrafo Maqueira, hicimos el mismo recorrido de la Columna 8 desde el Jíbaro hasta el Escambray. Sucede que esta confusión la tuvo en el artículo mencionado en *O Cruzeiro*, pero no lo tuvo cuando le escribió a Fidel sobre lo sucedido después de salir del cerco en Baraguá. Veamos: *A partir de ese momento la aviación siguió sistemáticamente nuestros pasos, bombardeando el monte que habíamos dejado el día anterior, mientras salían a cortarnos el paso por el río Jatibonico.*

El mando militar quiso cortarles el paso en el río mencionado porque, entrando en la provincia de Las Villas, como en efecto sucedió, la Columna 8 hizo contacto con las tropas del 26 de julio, bajo el mando de Víctor Bordón Machado, y con las tropas del Directorio Revolucionario 13 de marzo y guerrillas menos numerosas y combativas del Partido Socialista Popular, comunista y las del llamado II Frente Nacional del Escambray, un desprendimiento del 13 de marzo, organización estudiantil universitaria fundada por José Antonio Echeverría, quien en México, en 1955, había firmado con Fidel un pacto de unidad en la lucha armada con el tirano Fulgencio Batista.

Echeverría murió en una de las acciones que, el 13 de marzo de 1957, la organización estudiantil FEU, lanzó en La Habana contra el tirano, tratando de ajusticiarlo en el propio Palacio Presidencial. Así, la organización tomó el nombre de guerra de 13 de marzo. Como había sucedido con el 26 de julio, por el ataque al cuartel de Santiago de Cuba en esta misma fecha, pero del año 1953, bajo la dirección de Fidel. Siguió contando Guevara, luego de haber logrado escapar del cerco: *Según los informes recogidos de las conversaciones del ejército, éstos no nos creían ca-*

*paces de caminar las dos leguas que nos separaban del Jatiboni-*
*co* [era lógico, pues sabían de la depauperación física de
los guerrilleros]. *Por supuesto, las hicimos esa noche, cruzan-*
*do el río a nado, aunque mojando casi todo el armamento, e hi-*
*cimos una legua más hasta llegar al refugio seguro de un mon-*
*te. El paso del Jatibonico fue como el símbolo de un pasaje de*
*las tinieblas a la luz. Ramiro dice que fue como un conmuta-*
*dor eléctrico que encendiera la luz y es una imagen exacta. Pero*
*desde el día anterior azulaban las sierras a lo lejos y hasta el*
*más remiso tornero sentía unas ansias terribles de llegar.*

La experiencia del cruce por una provincia llana
como Camagüey había resultado agotadora para la mayoría de los invasores nacidos y criados entre las montañas de la Sierra Maestra, en lugares altos donde, por
ejemplo, nunca padecían de la temible mazamorra ni de
las plagas de la costa sur camagüeyana por donde se trasladaron todo el tiempo. Por el clima frío y la brisa de las
alturas en la Sierra Maestra —ni tampoco en la Sierra del
Escambray a donde se dirigían— había mosquitos. En
cuanto al agua, ésta tampoco fue difícil de encontrar en
La Maestra surcada por ríos y arroyos.

Por eso, la visión azulada llenó de nuevos bríos a la
maltratada guerrilla invasora.

Ahora la meta anhelada era cruzar el caudaloso Jatibonico y pisar tierra villareña. Pero fácil no iba a ser:
como la mayoría de los soldados del cuartel de la pequeña población de Jatibonico eran de allí o los alrededores,
el mando castrense hizo averiguaciones con éstos y así

supo que el lugar ideal para que los guerrilleros cruzaran el río era por un lugar llamado Paso Viejo.

En una conversación escuchada casualmente por el capitán Otten, al levantar un teléfono en la casa de un campesino de apellido Aquino, donde recibieron apoyo para hacer campamento, escuchó que en Paso Viejo el enemigo tenía montada una emboscada con dos ametralladoras calibre .30 en posición de fuego.

Quedó claro para el Che que era necesario desechar Paso Viejo, aunque fuera el lugar ideal para cruzar el Jatibonico.

El mando militar de la de la provincia había concentrado en la zona miles de soldados, distribuidos en los alrededores y montado diversas emboscadas, para que, cuando los *barbudos* aparecieran, con sus potentes ametralladoras calibre .30 y .50, acabaran con todos ellos, pues las órdenes dadas por el dictador Batista eran claras: acabar con los *forajidos,* sin consideraciones humanas de ningún tipo, como habían hecho con los expedicionarios del yate *Granma,* asesinados en los primeros días después del desembarco.

Pero el Che ya esperaba algo por el estilo, por lo que envió varias exploraciones para enterarse si existían otros lugares por donde intentar el cruce. En una de estas expediciones, de alto riesgo para los guerrilleros que la acometían, el capitán Otten, acompañado del teniente jefe de la punta de vanguardia de la Columna, Manuel Hernández, al que apodaban El Isleño, detuvo a un montero (el que cuidaba a los animales de la hacienda) nombrado Alfredo Meneses, que había enviado lejos de la zona a su familia, al poblado de El Jíbaro por haber visto y escuchado cómo los enormes aviones B-26 todos los días sobrevolaban la zona y se escuchaba cómo explotaban las enormes bombas de 250 y 500 libras. Y también había visto cómo las ametralladoras —ocho, cuatro por cada ala— calibre .50 cortaban los árboles y arbustos como si fueran podados por enormes gigantes, armados de descomunales tijeras de jardineros. Meneses se dio cuenta enseguida que aquellos jóvenes armados, que mandaban a detener su cabalgadura, no eran del ejército, pues la ropa era fango y churre, rota, cayéndoseles a pedazos; y las botas estaban amarradas con alambres, dejando al descubierto unos pies llenos de llagas e hinchados. A los guerrilleros los delataba el cabello largo hasta los hombros, como si fueran mujeres, en una época en que sólo éstas se dejaban crecer la cabellera.

Entonces, no podían se otros que los barbudos famosos, también llamados, despectivamente, *peludos.* Por conversaciones con su patrón, dueño de la finca donde trabajaba, el sigual se había dado cuenta que éste no simpatizaba con Batista, pues le había orientado que, si por casualidad los guerrilleros venían a su casa pidiendo ayuda de comida o algo, se la proporcionara de inmediato.

Ya se sabía por noticias llevadas de boca en boca, la popular radio bemba, que los guerrilleros andaban por la zona.

Alfredo también simpatizaba con los guerrilleros y, al darse cuenta que tenía enfrente a dos de ellos, se dijo que era la oportunidad para cooperar y les informó que un batey cercano estaba tomado militarmente por el ejército.

Caminaron acercándose al río y, en cierto lugar, un batey llamado Atoyaosa Otten pidió al isleño que permaneciera junto a Meneses, mientras él se adelantaba hasta el lugar donde se hallaba acampada la Columna 8, para informar al Che de lo escuchado por teléfono y de la detención de Meneses, que podía servir de práctico y se mostraba dispuesto a cooperar.

La satisfacción de Guevara al enterarse lo que Otten había escuchado por teléfono fue evidente. De inmediato le ordenó regresar al lado de Meneses y preguntarle si había otro paso del río que no fuera *Paso Viejo*. Meneses le dijo que él conocía de un paso aún más viejo que el anterior, pero que al comprobarse que *Paso Viejo* era más fácil de atravesar que este otro, fue abandonado.

El ejército no pensaría que se iban a ir por allí los guerrilleros. Era un paso de aguas turbulentas y, más ahora, época de lluvia, a nadie se le ocurriría pasar por allí. Mucha gente se había ahogado en aquel lugar: tantas, que también se le conocía como paso de *Los Ahogados*, por las muchas vidas que había arrebatado. Y agregó, muy al estilo campesino, siempre dispuesto a hacer cuentos sobre fantasmas y aparecidos: "Dicen que las almas de los ahogados se les oye llorar en noches de tormenta… tal vez por eso ese paso fue abandonado".

Lo que contaba Meneses coincidía con otra información obtenida por el Che por pura suerte, pues uno de los guerrilleros que venían desde la Sierra Maestra había trabajado en una arrocera de la zona y, cuando realizaba una exploración, se había topado con un antiguo compañero de trabajo: Miguel Gamboa Montoya. Cuando trabajaban cosechando arroz, en una finca de la zona, se habían confesado uno al otro su odio al régimen y su deseo de luchar por la libertad de Cuba. Por eso, para Gamboa no fue ninguna sorpresa hallar al antiguo compañero de trabajo convertido en guerrillero y enseguida le dijo que también él pertenecía al 26 de Julio. Cuando Gamboa le preguntó hacia dónde se dirigía, Rubén le dijo que iba rumbo al batey de Pozo Viejo.

Joel contaba: "Gamboa le expresó que en ese batey había una tropa del ejército. Le sugirió, además, que esperara allí; él iría al batey, verificaría la situación existente y le llevaría algunas cosas de la tienda para que comiera. Ya puestos de acuerdo, Gamboa tomó rumbo al batey y Rubén quedó en su espera. Al llegar al batey, Gamboa se dirigió a la tienda, propiedad de Mario Daltaller. Allí compró algunos cigarros, tabacos, queso, galletas y dulces. De este lugar los campesinos se estaban marchando, debido a que una avioneta había lanzado unos volantes donde se les instaba a abandonar la zona, pues sería bombardeada.

"Al regreso de Gamboa, donde esperaba Rubén, le dio la información de que la cantidad aproximada de fuerzas del ejército que había en el batey era de unos 70 hombres. Rubén le indicó el monte donde estábamos acampados y le manifestó que era la Columna del Che la que allí se encontraba. Rubén se retiró hasta el campamento e informó al Che sobre todo, señalando que conocía al obrero. El Che, entonces, lo mandó a regresar en busca de Gamboa. Así lo hizo y juntos fueron al campamento.

"Al llegar, Rubén lo presentó al Che. Éste le hizo algunas preguntas relacionadas con su persona. Gamboa le respondió que cooperaba con el Movimiento Revolucionario. Posteriormente [Che] indagó sobre el lugar y el ejército. Luego de esta conversación, el Che le planteó al obrero la misión de que se dirigiera al poblado de El Jíbaro [hay dos Jíbaros, uno de donde salió la Columna 8 y otro, éste, antes del Jobabo] para que observara las posiciones del ejército. Gamboa inmediatamente se puso en marcha a caballo.

"Al regreso de la exploración, Gamboa informó al Che los resultados de su misión; según su testimonio, había soldados en el puente de Paso de Torrijos, a 300 metros a la entrada de El Jíbaro, así como en la margen occidental del río, cerca de *Paso Viejo.*"

Puse en cursivas lo anterior para destacar que ya cuando Meneses le dijo al Che que no debía intentar el cruce por Paso Viejo, porque por ahí suponía el ejército que lo intentaría, sólo hizo confirmar lo expuesto anteriormente por Gamboa.

Guevara analizó la situación existente y llegó a convencerse de que el ejército no sólo tenía emboscadas alrededor de Paso Viejo, sino también en distintos lugares a todo lo largo de río, especialmente en la orilla occidental, para impedirles llegar a la provincia de Las Villas. Por muy bruto que fuera Batista y sus generales, debió darse cuenta que las montañas del Escambray podían significar, con el argentino allí, otro bastión inexpugnable para sus tropas, como había sucedido en la zona donde operó la Columna 4. El Che, con toda la seguridad que le daban las distintas informaciones de Meneses, ordenó a Manuel que, acompañado de éste último y varios guerrilleros de la punta de vanguardia, fuera hasta el abandonado Paso Viejo y comenzara a tomar las medidas de seguridad necesarias para cruzar el río Jatibonico del Sur, luego que comprobaran que por allí no había unidades del ejército, como por toda la zona aledaña. Manuel situó guerrilleros allí y regresaron él, Otenn y Meneses a informar al Che. Éste venía pegado a la costa sur, y por eso intentó cruzar por el Jatibonico del Sur; Camilo, que venía por el norte, días antes había cruzado el Jatibonico del Norte.

El Che puso todo su empeño en el paso del Jatibonico: representaba arribar a su objetivo final y burlar los miles de soldados que trataban de impedirlo.

Volvamos al relato del capitán de diecisiete años, Joel Iglesias, jefe de pelotón de vanguardia, donde fueron ubicados los guerrilleros más arrojados para el combate… Sus ojos nos trasladen a lo que él vio y vivió en esas horas relacionadas con el paso del río. Leamos: "Alrededor de las 8:30 de la noche [...] Montero Meneses fue presentado al Che. Éste le preguntó la distancia hasta el río, las condiciones del camino y le ordenó que se desplazara (sería el guía) tratando de coger por los mejores lugares para que la tropa no sufriera más desgastes. También le preguntó si conocía la cantidad de soldados que había en Paso Viejo y la distancia entre el lugar escogido para el cruce y la posición de los soldados, interesándose, en especial, por las condiciones y estado del paso del río señalado para efectuar el cruce. [...] Sobre las 10:30 de la noche, después de caminar unos cinco kilómetros, nuestra Columna llegó al paso del río, custodiado por los exploradores (que Manuel había dejado allí).

"Este lugar era conocido como Paso del Diez (antiguo Paso Viejo) y que bautizamos posteriormente como Paso de la Ceiba. Este nombre se debió a la existencia allí de una frondosa Ceiba en el margen occidental del río que nos sirvió como punto de referencia. El lugar se encontraba ubicado a nueve kilómetros al sur del pueblo de El Jíbaro y a unos cuatro del mencionado Paso Viejo."

El Jatibonico del Sur estaba crecido en aquellos momentos, por los constantes aguaceros caídos en esos días.

Cruzarlo iba a ser la última dificultad natural que tendrían que vencer los guerrilleros en el cruce de la llana provincia de Camagüey... y ya habían sido muchas. Primero hubo que buscar a alguien, un buen nadador, que llevara una gruesa soga hasta la orilla opuesta, la amarrara a un grueso árbol y, agarrado a ella, fueran cruzando los demás caminantes.

Cuando yo lo hice fue un campesino de la zona quien llevó la soga a la otra orilla.

Pero cuando los guerrilleros, fue el compañero Eddy del Río, experto nadador en los turbulentos ríos de la Sierra Maestra, quien se ofreció voluntario y cumplió su cometido a la perfección.

¡El tan esperado momento había llegado! Luego, otros buenos nadadores comenzaron a cruzar los caballos y algunas pertenencias de los que venían en muy mal estado físico… que eran muchos. Joel escribió: "El proceso del cruce fue difícil y lento, pues tratábamos de que nos se nos mojaran los proyectiles, en medio de una noche completamente cerrada, y con los inconvenientes del estado del río. Teníamos que mantener las precauciones para evitar cualquier accidente".

Pese a todas las precauciones, el médico oficial de la Columna, Fernández Mell, fue arrancado por la fuerte corriente de la soga y, gracias a que era un buen nadador, pudo alcanzar la orilla opuesta, pero después de ser arrastrado varios metros.

Continuó Joel: "Che, a caballo y nadando, participó activamente en el cruce, ayudando a los compañeros que tenían más dificultades para hacerlo.; sin embargo, en esta actividad perdió sus botas […] Una vez que íbamos llegando a la orilla occidental, nos reuníamos alrededor de la Ceiba, en espera de que se completara cada pelotón e inmediatamente continuábamos la marcha. [...] alrededor de las 4 de la madrugada del domingo 12 de octubre, los compañeros que habían actuado en la emboscada, efectuaron el cruce y terminaron así la superación del obstáculo final para la llegada de nuestra Columna al municipio de *Sancti Spiritus,* en la provincia de Las Villas, límite con la provincia de Camagüey."

¡Lo habían logrado!... Sólo un hecho interesante que ilustró la complejidad de los seres humanos: Alfredo Meneses, quien había colaborado con ellos de un modo tan destacado y que de haber pedido su ingreso en la Columna se le hubiera concedido, cuando el Che le planteó que siguiera como práctico hasta la finca El Toro... en la oscuridad de la noche y en medio de la emoción por el cruce del río, se fue escondiendo entre los arbustos y, cuando nadie le veía, montó en su caballito y escapó a todo correr. Hasta ese momento había arriesgado la vida, pues, de saberse toda la rica información brindada a los guerrilleros, del largo tramo que sirvió de guía, de su contacto personal con el peligroso argentino..., los soldados no habrían dudado en torturarlo para sacarle información y, de no brindársela, lo habrían asesinado.

Mucho más seguro le hubiera sido seguir con la Columna... pero prefirió el riesgo de regresar a su casa y a la finca donde trabajaba. Por desgracia, de su vida posterior este cronista no tiene datos... y Joel no volvió a mencionarlo en su libro.

Ahora sólo nos falta leer el modo escueto con que el

Che narró los hechos que llevaron al cruce del río Jatibonico del Sur.

Escribió: *El 10 de octubre nos alcanzó la aviación ametrallando el monte en que estábamos. Fueron las avionetas y no hubo víctimas. No teníamos tiempo de recuperarnos ni siquiera un poco cuando un nuevo aguacero, inclemencias del clima, además de los ataques del enemigo o la noticia de su presencia, volvían a imponernos la marcha. La tropa estaba cada vez más cansada y descorazonada. Sin embargo, cuando la situación era más tensa, cuando ya solamente el imperio de ruegos, de exabruptos de todo tipo, podía hacer caminar a la gente exhausta, una sola visión en lontananza animó sus rostros e infundió nuevo espíritu a la guerrilla. Esa visión fue una mancha azul hacia occidente, la mancha azul del macizo montañoso de Las Villas, visto por primera vez por nuestros hombres.*

El 11 de octubre, gracias a la tenacidad del Che y cumpliendo el ansioso deseo de todos los integrantes de la Columna 8, se realizó lo que a veces parecía un sueño tan lejano como irrealizable: el paso del caudaloso Jatibonico del Sur, en aquellos momentos furiosamente desbordado por las recientes lluvias, como contó el joven capitán Joel Iglesias. Con su letra menuda de médico, prosiguió el Che: *Según los informes recogidos en las conversaciones del ejército, éstos no nos creían capaces de caminar las dos leguas que nos separaban de Jatibonico. Por supuesto, las hicimos esa noche, cruzando el río a nado, aunque mojándose casi todo el armamento e hicimos una legua más hasta llegar al refugio seguro de un monte. El paso del Jatibonico fue como sím-*

*bolo de un pasaje de las tinieblas a la luz. Ramiro dice que fue como un conmutador eléctrico que encendiera la luz y es una imagen exacta. Pero desde el día anterior azulaban las sierras a lo lejos y hasta el más remiso tornero sentía unas terribles ganas de llegar.*

## Campaña de Las Villas: combate tras combate

—Alto, ¿quién vive?

—Gente buena y campesinos.

—Campesinos no porque ustedes traen armas…, serán guardias.

—No, guardias no, somos gente del Escambray, del directorio 13 de marzo.

—Vengan para acá. Nosotros somos gente del Che.

El encuentro se había producido en la finca del padre de Arístides Oramas, quien formaba parte de un grupo que Faure Chomón, comandante y jefe de las guerrillas del Directorio, había enviado en misión al otro lado de la carretera que iba desde la importante ciudad de *Sancti Spíritus* a la costera Trinidad. Estaba formada por diez escopeteros que poco después confraternizaron con el legendario Che Guevara que, alegre, les dijo: "Ya podemos estar tranquilos al verlos a ustedes, porque sabemos que no pueden chivatearnos [delatarnos] en la zona".

El médico de la Columna 8, Fernández Mell, contó que lo verdaderamente difícil en la odisea de la Invasión no habían sido los combates para hombres acostumbrados a ellos, sino: "Habíamos caminado 554 kilómetros [...] Y durante ese tiempo, 47 días, habíamos comido algo 15 o 20 veces, además de pasar dos ciclones".

De la escuela de Guevara que, finalmente, minimizó las dificultades, no mencionó la falta de zapatos con los pies enfermos de "mazamorra"; las plagas de mosquitos que no dejaban dormir, la vestimenta hecha ripios por los arbustos espinosos como el marabú y el aroma, la falta de aseo personal, pues en ninguno de los testimonios sobre esos cuarenta y siete días se menciona el uso del jabón; los arroyos y ríos que todavía veinte años después, cuando este cronista hizo el mencionado recorrido, nadaban en ellos feroces cocodrilos con su voracidad insaciables; las molestas garrapatas, que se incrustaban en la piel causando forúnculos dolorosos; tomando agua a veces de los mismos pantanos que se veían obligados a atravesar y el hambre, el hambre siempre, con sus consecuencias en los organismos humanos. Oramas y sus compañeros contaron después que parecían cadáveres de lo flacos que estaban y que despedían un olor insoportable.

Fue una verdadera Odisea del siglo XX. Bueno, no fue una… sino dos: semejante fue la vivida por el comandante Camilo Cienfuegos y los integrantes de su Columna Invasora Número 2, pero ésa es otra aventura por contar.

## Toma del cuartel en Guinía de Miranda

Con este violento combate, el Che y la Columna 8 "Ciro Redondo" se dieron a conocer en la provincia de Las Villas. La fecha quedó registrada: 27 de octubre de 1958.

Desde aquel momento fue una espiral de combate tras combate para los jóvenes que pelearían bajo las órdenes del Che.

Ya el jefe de la Columna se había reunido con los jefes del llamado Segundo Frente Nacional del Escambray y había sido claro: el cuartel de Guinía de Miranda debía ser el primero de los cuarteles del macizo montañoso del Escambray atacado. Les dio cinco días o los tomaría la tropa veterana de la Sierra Maestra.

Igual se reunió con el comandante Faure Chomón, del Directorio Revolucionario 13 de marzo, y, como ya habían quedado en que el 26 y el 13 actuarían juntos bajo el mando del general Guevara, le dijo que pensaba atacar Guinía y luego, juntos, otros cuarteles. Faure estuvo de acuerdo. Ambas organizaciones llevarían el peso de la guerra en el Escambray.

En la noche del 27 de octubre, las fuerzas del Che rodearon el cuartel para su ataque. Lo sabían bien defendido, pero los jovencísimos guerrilleros que formaban la Columna 8, no repararon en las fuerzas enemigas, por muy atrincheradas y armadas que pudieran estar. Es más, junto a dos compañeros, cuando estaban observando los movimientos del cuartel para contárselo al Che, el corajudo Vaquerito propuso atacarlos ellos mismos en aquel momento.

Así eran los chamacos del Che, y allí estaban, pidiendo ser los primeros en atacar la fortaleza militar.

El arma que debía abrir el combate era la única bazuca que habían traído en la Invasión. Con ella, pensaban abrir un hueco en los sólidos muros del cuartel y por allí lanzarse a tomarlo.

Ya alrededor del cuartel, el Che ordenó al bazuquero, Antonio García, accionar la bazuca, pero no dio en el blanco. Lo intentó de nuevo, pero esa vez el magneto no funcionó. Y el Che empezaba a tomar coraje… un tercer intento sí funcionó, pero no dio en el blanco.

El rebufo del arma dejó atontado al bazuquero y el Che estaba cada vez más molesto.

Fue entonces que, al saber de una gasolinera cerca, se dirigió allí con varios compañeros y a poco regresaron y comenzaron a preparar los famosos y efectivos cocteles Molotov. Cuando tuvieron los dos primeros, Amengual y Alberto Cabrales pidieron permiso para ser los primeros en lanzarlos contra el cuartel, lo cual resultaba una acción suicida, pues, para que fueran efectivas estas bombas de mano, era necesario estar cerca del objetivo y allí encender su mecha, lo cual se convertía en punto de mira de los defensores.

A todo esto, desde que oyeron el ruido de la bazuca, éstos comenzaron a disparar contra ellos, pues sabían que la intención de los guerrilleros era tomar el cuartel aunque no tuvieran ametralladoras; pero sí, como se supo luego, la dotación la formaban veintiséis soldados armados con fusiles y el reglamentario revólver calibre .45 de bala muy grande que cuyos disparos solían resultar mortales. Y todos dispararon, al parecer, dada la lluvia de balas que caían en las filas rebeldes.

Y ya estaban allí los dos voluntarios que, Molotov en mano, avanzaron rumbo al cuartel. Cuando trataron de prender *fuego* a las mechas, ambos fueron acribillados a balazos y murieron en el acto. El joven Eliseo Reyes, San Luis, en un acto de arrojo corrió rumbo a los muros del cuartel para lanzar una granada brasileña. La tiró, pero ésta chocó con los muros de la fortaleza militar y, de rebote, fue a caer a los pies de San Luis. Su mala calidad fue una suerte: no explotó, lo que le salvó la vida. Fue entonces que el Che, en uno de sus actos de valor característicos, tomó la bazuca y, seguido por sus hombres, avanzó hasta ponerse frente al cuartel, convirtiéndose en blanco visible de los defensores. Y bajo una lluvia de balas, apretó el disparador de la bazuca e impactó los muros del cuartel en el centro, lo que hizo que éste de derrumbara en parte dejando un enorme boquete por el cual entraron los guerrilleros disparando. Lo hicieron hasta oír una voz que anunciaba la rendición.

De los veintiséis soldados uno estaba muerto, cuatro heridos, nueve fueron hechos prisioneros y doce lograron escapar por la parte de atrás del cuartel, en medio de la humareda de la explosión del obús. Fueron ocupados ocho fusiles, municiones, alimentos. algunas medicinas y lo que puso al Che feliz como un niño: varios mulos, animales por los que sentía, desde chico, especial cariño. De allí salió montado en uno de ellos.

Finalizado el combate, el Vaquerito y José Figueredo le propusieron al Che la creación de una escuadra, con armas automáticas, para tomar por asalto los cuarteles.

A Guevara le entusiasmó la idea y pidió voluntarios. Seis invasores alzaron la mano y cinco combatientes de los que operaban en la zona al mando del comandante del 26 de Julio, Víctor Bordón Machado, y dos del Directorio que habían servido de guía, por llevar meses alzados y conocer aquellas lomas.

Lo que comenzó con 11 hombres y en forma de escuadra llegó a tener treinta y cinco hombres y no tuvo más porque Che marcó un límite. Pese a que, por las acciones temerarias, las bajas en sus filas eran muchas, siempre los jóvenes guerreros, como escribió el Che, lloraban por el honor de ingresar al legendario Pelotón Suicida, nombre que le puso en el momento de su creación el propio Che.

Y enseguida la designación del jefe: el teniente, Roberto Rodríguez, ascendido allí mismo a capitán, y como segundo, Leonardo Tamayo Núñez, ascendido a teniente.

Sin duda alguna, la designación del Vaquerito atrajo a los jóvenes a incorporarse al Pelotón, pues ya su audacia y valor probado en decenas de acciones en la Sierra Maestra y en la Invasión, como el combate de La Federal y por cuyo arrojo ganó los grados de teniente, lo habían convertido en un personaje de novelas juveniles que contaran del valor y la gloria.

El Che supo escoger bien. El Vaquerito fue el astro, junto al Che, de la llamada campaña guerrillera en la entonces provincia central de Las Villas. Era apenas un adolescente, de tan pequeña estatura, que el rifle Garand que usaba ¡casi era de su altura!: personaje digno de una novela de aventuras juveniles. El Robin Hood legendario del siglo XX era la estrella de la Campaña de Las Villas, al frente de su suicida Pelotón.


*Segundo objetivo:*
*Cuartel Jíquima de Peláez*


Apenas habían transcurrido algunas horas cuando el Che llamó a sus oficiales y les dijo que el segundo cuartel que atacarían sería el de Jíquima de Peláez. Estaba defendido por cincuenta soldados… pero los guerrilleros demoraron mucho en tomar posiciones y a las tres de la madrugada, hora en que supuestamente debía terminar la acción, el Che ordenó regresar a Gavilanes, la loma donde había establecido su comandancia general.

*Tercer objetivo:*
*Cuartel de la Guardia Rural en Banao*

—¿Cuándo partimos? —le preguntó, al saberlo, el Vaquerito al Che.

—Busquen guías, pregunten y, apenas los tengan, salimos.

—Por eso no hay problemas, Che. Ya los tengo; los mismos que nos llevaron a Tamayito, a Esmérido Meriño y a mí a vigilar el cuartel para informarle a usted...

Poco después, salieron rumbo a Banao. Caminaron gran parte de la noche y se apostaron frente al cuartel ya en la madrugada... Ordenó que dispararan un bazucazo contra los muros...pero, después del tercer intento, como nuevamente el arma no dio tiro y el Che, molesto, ordenó regresar a Gavilanes, para impedir que el día los hallara en el camino de regreso y la aviación enemiga pudiera bombardearlos.

De regreso a Gavilanes el jefe de todas las tropas que combatían a la tiranía batistiana en Las Villas decidió darse un tiempo para tareas organizativas, como había hecho en la Sierra cuando se le nombró jefe de la Columna 4 y se trasladó a operar en la zona de Bueycito y Buey Arriba. Una montaña altísima, como había hecho con El Hombrito, le resultó apropiada para sus planes: Caballete de Casa, desde la cual se dominaba todo el llano en muchas leguas a la redonda...

A finales de octubre se trasladó allí, sin abandonar Gavilanes, donde dejó alguna tropa. Dato curioso: en Gavilanes también tuvo un capitán descalzo: "un campesino que residía allí cuando él llegó y que se apropió el calificativo, pues había oído del legendario Polo Torres en boca del Vaquerito y otros invasores y, como andaba descalzo como aquél, se auto tituló así". Que se sepa, el Che nunca le dio grado alguno, como a Polo, y no pasó de soldado.

Nuevamente se propuso el argentino crear una retaguardia allí, tal cual hizo en la zona del Hombrito, primero, y en Minas del Frío, después. La Mesa, quedaba al fondo del Hombrito, en un hueco, como ya hemos dicho. Ahora, empeñado en acciones relámpagos sobre los cuarteles y fortalezas militares de la provincia, decidió que iba a requerir de nuevos combatientes en poco tiempo. Por lo que creó, igual que en Minas del Frío, una Escuela de Reclutas, con clases intensivas que les dieron sus muchachos veteranos de la Sierra y la Columna 8.

Los primeros cuarenta o cincuenta muchachos los trajo de Gavilanes, donde ya había hecho un trabajo de selección entre los muchos aspirantes.

Se impartieron clases de armas, pero también se enseñaba a leer y escribir, toda vez que, como en la Sierra Maestra, la mayoría de los campesinos fueran analfabetas. Las instalaciones siguieron el modelo de La Mesa: comandancia del Che, hospital dirigido por el doctor Allan Roseli, quien al mismo tiempo fungió como jefe de abastecimientos; cocina—comedor bajo frondosos árboles; una planta de radio, una cueva que sirvió de armería, dormitorio para alumnos, otro para profesores y dirigentes; enfermería, farmacia, casa cultural y un anfiteatro, desde donde tal vez, como en La Mesa, el Che pensó presentar obras de teatro que, como allá, escribiría él mismo.

¡Infatigable el pinche argentino!, como dicen aquí en México.

¿Y no tuvo su periódico, como en la Sierra?

Hablando con uno de los profesores, éste le contó que era estudiante de periodismo antes de alzarse. Se llamaba Santiago Padrón Pérez y ya tenía otra tarea: además de profesor, crearía y sacaría un periódico, al que dieron por título: *El Miliciano.*

Enfrascado en aquella guerra de torbellino ascendente, sólo salió un único número que, seguramente, redactó el mismo Ernesto.

Aquí entró en escena otro joven: Jesús Suárez Gayol, con una larga historia de lucha desde la filas del Movimiento 26 de Julio en el Instituto de Segunda Enseñanza en Camagüey. Fue enviado a la provincia más occidental de Cuba, Pinar del Río, como jefe de Acción y Sabotaje, corajudo en extremo sufrió graves quemaduras cuando le prendió fuego personalmente a unas instalaciones en plena ciudad de igual nombre y era buscado por los todos los cuerpos policíacos. El Movimiento lo sacó clandestinamente de aquella provincia y se lo mandó al Che. Éste ya había oído de él y de su valor espartano y le reconoció grados de teniente, nombrándolo ayudante de la Dirección de la Escuela de Reclutas, junto a otro joven que, desde ese momento también, estuvo siempre muy cerca del argentino: Orlando Borrego. Cuando el médico Guevara decidió que el camagüeyano ya estaba curado de sus graves quemaduras, lo puso al mando de un grupo de zapadores y cortadores de vías de comunicación. Luego dirigió tropas en las posteriores acciones guerrilleras. Gayol fue el primero en morir en combate con el Che en Bolivia, el 10 de abril de 1967. Pero ésa fue otra historia, que aún estaba muy lejos…

## Farsa electoral

En noviembre, el tirano Batista llamó a elecciones con el fin de darle cierta veracidad a su régimen que ya alcanzaba la cifra de veinte mil víctimas de su represión asesina contra las fuerzas revolucionarias, principalmente en las ciudades y la inerme población civil.

Como sabía que la juventud era rebelde por naturaleza, contra ella desató su insania criminal. Muchos jóvenes aparecían asesinados a tiros en las calles de toda Cuba, simplemente por serlo. Y las cárceles, se llenaban de ellos.

Las tropas, bajo el mando de Víctor Bordón Machado, cuyos hombres fueron especialistas en la lucha de ciudad, tomaron destacada participación en las acciones tomadas al efecto, como fueron: ataque a pequeños cuarteles de la llamada guardia rural, sabotajes en distintas instalaciones del gobierno, corte de tendidos eléctricos y de teléfonos, quema de varias oficinas electorales, sabotajes en vías de comunicación con vistas a impedir el paso de tropas con destino al oriente de la isla y como colofón, el ataque a un tren con soldados donde se originó un breve pero furioso combate en el que murió el guerrillero Sabino Hernández, apodado Chambas por ser originario de esta población de la provincia de Camagüey, pero en el que se le hicieron varias bajas a la soldadesca sin que se pudiera precisar el número.

## Ataque al Cuartel de Cabaiguán

Cabaigüan ya era una población populosa. Centro tabacalero precisamente del centro de Cuba, poseía una importante refinería, que, junto a la exportación de la aromática hoja, era el principal rubro financiero de la ciudad. Por eso fue tan fuertemente defendida, casi como si se tratara de un cuartel militar.

El ataque, como siempre, fue de noche y participaron: el comandante Ramiro Valdez y los capitanes Joel Iglesias y Angelito Frías —que debía atacar el cuartel y sería el aviso para que actuaran los demás combatientes—, pero, como había muchos soldados, no lo hizo y, al no hacerlo, los otros esperaron hasta las cuatro de la mañana y se retiraron. Del valor probado de Ángel Frías no le cabía dudas al Che y entendió la explicación que éste le dio al regreso. Ramiro, que debía volar la refinería, tampoco lo hizo, pues debía esperar por los disparos de la tropa de Angelito.

No se aclaró si el Pelotón Suicida participó en el frustrado ataque, pues era de suponer que se hubiera empeñado en atacar de todas formas, conociendo a Frías.

## Combate de Banao, junto a fuerzas del Directorio

Esto sucedió el 12 de noviembre. Cercado el cuartel, el fuego se inició a las doce de la noche, mientras el Pelotón del capitán Silva se emboscaba en la carretera Trinidad-*Santi Spiritus* para cortar cualquier refuerzo que hubiera podido ser enviado desde alguna de estas dos ciudades, en las que se hallaban acantonadas grandes concentraciones de tropas enemigas.

El teniente Manuel Hernández Osario, igual que Jesús Suárez Gayol, muerto combatiendo junto al Che en Bolivia, mostró una vez más su valor temerario pues, en medio de un aguacero de balas, se puso de pie para exigirle al jefe del enclave militar a rendirse. Éste demostró ser también valiente, pues, pese a que fue asediado incansablemente hasta las cinco de la mañana, se negó a la rendición.

Otra prueba de cómo los guerrilleros del Che y también del Directorio pelearon como jóvenes leones fue el hecho de que los soldados sólo tuvieron un herido, mientras que los atacantes cuatro, quienes fueron retirados para su curación en el pequeño hospital de Gavilanes y, sólo si lo requería su estado de gravedad, al de Caballete de Casa.

Un fenómeno militar comenzó a producirse en el Escambray: comenzaron las deserciones entre los combatientes del llamado Segundo Frente al enterarse de que Che peleaba continuamente, sin darle tregua a las tropas enemigas.

La fama legendaria del argentino, fue un acicate poderoso para decenas de jóvenes que habían estado por meses alzados sin combatir prácticamente. Cada vez se limitaban más las guerrillas del argentino y del Directorio, bajo el mando del comandante Faure Chomón Mediavilla, con los llamados "comevacas del segundo Frente del Escambray". El humor cubano los calificó de este modo, dado que peleaban poco, pero comían mucho… y las víctimas de su apetito eran estos animales lecheros, propiedad de los campesinos de la zona.

Veamos cómo era la estructura organizativa de las tropas del Che:

GAVILANES: En este lugar se recibía a los aspirantes a combatir en la Columna 8. Se hacía una selección y eran enviados a Caballete de Casa. En el pequeño hospital enclavado allí, también se atendía al campesinado de la zona.

Caballete de casa: Comandancia general con las instalaciones ya mencionadas, como el hospital dirigido por el doctor Allan Roseil y la niña mimada del argentino: la Escuela de Reclutas *Nico López,* nombre sugerido por el Che en honor al amigo que le había puesto en contacto con Raúl, primero, y con Fidel, después.

Manacas: Pequeño poblado muy cerca de El Pedrero, donde finalmente estableció Che su comandancia general que hasta ese momento había sido itinerante: donde estaba el argentino, allí estaba su comandancia. De acuerdo siempre con Fidel al que enviaba mensajes dándole cuenta detallada de cómo iban las operaciones, había logrado la unidad con el Directorio, fundamentalmente, y ambas organizaciones firmaron en un pacto de unidad en El Pedrero, unidad que ya en la práctica se venía desarrollando pues ya habían combatido juntos fuerzas del 26 de Julio y del Directorio Revolucionario 13 de Marzo.

En el Pacto quedó como jefe de ambas organizaciones en las futuras acciones a tomar, el comandante Che Guevara con libertad de acción sobre sus fuerzas, el comandante Chomón Mediavilla. Se acordó que ambos jefes y respectivas oficialidades se pusieran de acuerdo de cómo desarrollar las futuras acciones político-militares contra la tiranía. Las acciones de Guevara se diseñaron en dos etapas, ya como jefe de todas las fuerzas revolucionarias de la provincia: primero, echar a las fuerzas enemigas del Escambray, atacando cuarteles como el ya mentado de Güinia de Miranda. Segundo: iniciar la ofensiva rebelde sobre las poblaciones más importantes con vistas a dominar el paso de la carretera central —única vía asfaltada en aquellos años que iba desde la occidental provincia de Pinar el Río hasta la oriental Santiago de Cuba—, cortando así el posible apoyo por vía terrestre de refuerzos enviados desde La Habana, donde existía el mando supremo de las fuerzas dictatoriales, con Fulgencio Batista al mando, quien se había otorgado a sí mismo el grado de general… sin haber participado jamás en combate alguno. Otro especimen de los tantos que ha dado nuestra sufrida y siempre olvidada Latinoamérica. La otra vía terrestre era también única, desde occidente al oriente: la férrea.

Igual que con la refinería de Cabaiguán, las fábricas de azúcar en todo el país eran protegidas por soldados de la llamada guardia rural y cuerpos de protección militar de las mismas, conocidos como "guardajurados" que trabajaban en coordinación con los primeros y, en caso de ataque, se les subordinaban.

Por tal razón, Che ordenó a Víctor Bordón Machado que atacara algunos de ellos, como *La Vega, Reforma, Washington, Escambray* y *Santa Isabel*. En *Santa Isabel* se produjo una anécdota que retrata fielmente la relación fraterna que unía al argentino con sus guerrilleros… Me fue contada por el comandante Bordón Machado en una larga entrevista que le hice hace algunos años cuando era jefe militar en la hermosa península de Zapata. Contó Bordón:

"El Che decidió que necesitábamos tener una fuerza aérea para contrarrestar la de Batista, y nos ordenó al capitán Manuel Hernández y a mí que nos apoderaramos de una avioneta que cada día aterrizaba en una pista de dicho central.

"Lo de fuerza aérea nos causó gracia a todos, pues una avioneta nada significaba contra los aviones de combate de distinto tipo con los que contaba el régimen y que, ametrallaban y bombardeaban las sierras matando igual a rebeldes guerrilleros, como a infelices campesinos, como ya habían hecho en la Sierra Maestra, según me habían contado los compañeros invasores, y el mismo Hernández, al que apodaban *El isleño,* porque sus padres habían llegado a Cuba procedentes de las Islas Canarias… Durante la noche caminamos hasta el objetivo a marcha forzada pues estaba lejos y queríamos llegar y tomar posiciones alrededor de la pista antes de que amaneciera. Lo hicimos en un pequeño cañaveral que bordeaba la pista.

"Eran las 10 de la mañana y la avioneta no aparecía, cuando uno de los guardias que había allí cruzó la pista para realizar una necesidad fisiológica y nos ve. Inmediatamente se echa el Springfield al hombro y abre fuego sobre nosotros, matándonos a Ramón Ponciano de un tiro en el pecho.

"Por nuestra parte contestamos el fuego matando al guardia, pero ya sus compañeros disparaban sobre nosotros con un gran volumen de fuego. Matamos otros dos, cayó de nuestra parte también el compañero Pineda y herido Manuel Pérez.

"Fue una ataque violento, pero rápido, de los que se llaman tipo *comando* en las guerras regulares. Cuando le matamos otro guardia y les herimos dos más, se rindieron.

"Al terminar el fiero combate teníamos cuatro prisioneros, había escapado uno de los once soldados que custodiaban la pista y caído en nuestro poder nueve fusiles Springfield, una carabina San Cristóbal —que portaba el primer guardia que nos mató a Ponciano y fue muerto él mismo al repeler nosotros el ataque— y uno de los enormes revólveres calibre .45 que eran reglamentarios en el ejército batistiano. Ya de regreso vemos a un solitario jinete que viene a todo galope de su caballo por el monte, rumbo a nosotros. Enseguida lo reconocemos: Es el Che.

"Cuando nos alcanza, nos dice que de pronto le había llegado la noticia de que estábamos cercados y, sin pensarlo dos veces, tomó su carabina M-2 en las manos y corrió a nuestro lado, a morir si le tocaba o salir todos juntos de allí.

"Aquel gesto tan hermoso nos conmovió a todos y nos convenció de que aquel argentino era un revolucionario fuera de serie. Sin iguales.

"Como al incorporarme a la Columna 8 con mis hombres me había rebajado —con la aceptación de mi parte— al grado inmediato inferior: capitán, allí mismo, contento porque el éxito obtenido serviría para levantar el espíritu combativo del resto de los las tropas, me restituyó el grado de comandante del Ejército Rebelde."

Quede esta anécdota como un ejemplo más de por qué los soldados guerrilleros que combatían a sus órdenes llegaban a sentir un profundo cariño por este jefe singular… pese a lo ríspido y seco de su carácter… y a los duro y exigente que con ellos era.

Pero recuerden: primero era duro y exigente consigo mismo.

## Combate de Remedios

Remedios ya se encuentra en el norte de la provincia de Las Villas y tiene una historia muy singular: en el siglo XVII se apostaron en una cueva lateral del pueblo 37,271 demonios, que no dejaban dormir ni descansar a sus infelices vecinos, pues se la pasaban de juerga y haciendo las mil y una travesuras, apenas caía la noche, adictos, como resultaba lógico por su condición demoniaca, a las oscuridades.

De nada sirvieron los distintos curas que llegaron allí desde España y toda la Isla varios exorcistas para correr a tan temibles huéspedes que nadie había invitado.

Se negaban de plano a abandonar la villa. Ahí fue cuando el cura de la misma propuso que se trasladara la población a otro lugar conocido como la Zabana *(sic)*, pero si caprichosos eran los malditos demonios, más lo eran los vecinos del poblado pues, también de plano, se negaban a abandonar sus hogares.

Fue entonces cuando se reunieron todos los vecinos y decidieron que el único modo de ahuyentar a los enviados del Maligno era… ¡armando ellos su propia parranda!

Desde entonces, cada año se celebran las bullangueras y divertidas Parrandas de Remedios, adonde acuden personas de toda Cuba a celebrar, durante siete días, la derrota de los 37 mil Demonios de Remedios.

Las mencionadas Parrandas son como carnavales, pero, por lo que cuentan, más divertidas.

Ahora volvamos a la guerra.

El capitán Alfonso Zayas entra en Remedios a las 3:40 de la tarde del 24 de diciembre. Pregunta por el Che, que había llegado antes, y lo llevan a una casa donde el argentino fabrica personalmente bombas Molotov, ayudado por varios adolescentes del pueblo a los que, cuando se acercan y preguntan qué se hace allí, Guevara les contesta que bombas de mano y los invita a participar.

Una clase rápida de su adolescentes guerrilleros y ya están los muchachos de Remedios ayudando a la liberación de su patria chica. Hay tradición: de Remedios son esos dos adolescentes que ya conocemos: Enrique Acevedo y su hermano Rogelio. Al primero lo hemos dejado en Camagüey curándose de las heridas recibidas en La Federal… pero pronto lo tendremos de nuevo entre nosotros convertido en flamante teniente jefe de escuadra.

Cuando ya tienen cientos de bombas preparadas, el Che le pide a Zayas que busque un lugar desde donde lanzarlos y éste, junto con otro joven aficionado al beisbol, se suben en la torre de la iglesia, a un lado del cuartel, y desde allí lanzan 186 bombas apagadas y la última encendida, con lo que prenden todas las otras.

Eso sucedía el 24; el 25, el capitán Guerrero pidió hablar con Zayas; le dijo que si él hablaba con sus soldados y éstos estaban de acuerdo, se rendían.

No había dicho muchas palabras Zayas cuando los soldados, reunidos en el patio del cuartel, depositaban sus fusiles en el suelo y le aplaudían.

Guerrero, tan satisfecho de la solución sin sangre derramada (en Remedios no hubo un solo herido ni de un bando ni del otro) como Zayas, se estrecharon las manos y poco después guerrilleros y soldados confraternizaban y se intercambiaban cigarrillos, con la sorpresa de que los rebeldes eran tan jóvenes que ninguno fumaba.

¿Los demonios? Ninguno apareció en escena. Les tenían un miedo atroz a los plomazos… ¡Ah!, porque no les he dicho que todavía se afirmaba que anda por ahí alguno que otro demonio… ¡Y que suelen participar en las famosas Parandas!

Lo de ellos es fiesta, jolgorio, bullanguería, nada de tiros y menos de cócteles rusos con nombres rusos.

Tomada Remedios, el camino quedaba expedito para el asalto a la también marinera ciudad de Caibarién, cuya fama se debía no a apestosos seres del averno… sino a los cangrejos blancos de Caibarién, delicia de todos los aficionados a los buenos platos a base de mariscos.

## Combate de Caibarién

En este combate sucedió un hecho muy singular: después de horas de fieros enfrentamientos de ambos bandos en distintos lugares, entre ellos el puesto de la marina de guerra (Caibarién es puerto pesquero), y de que el Che convenciera al capitán de una fragata de guerra de no participar en los combates manteniéndose imparcial, un gesto del Vaquerito hizo que el jefe del cuartel se rindiera.

Sucedió así:

El capitán Vaquerito y el también capitán Ramón Pardo entraron al cuartel a pedirle al jefe que se rindiera para evitar derramamiento de sangre, pero éste se negó.

Estando allí discutiendo Pardo con el capitán jefe del cuartel, Vaquerito se dedicó a convencer a los soldados de que se rindieran.

Claro, el capitán se quejó, pero el Vaquerito no le hizo caso: siguió en su tarea de convencimiento, mientras Pardo discutía con el hombre.

De pronto, el Vaquerito los interrumpió y le dijo al militar:

—Bueno, mientras ustedes se ponen de acuerdo, yo voy a dormir un rato, pues hace días que no duermo.

Y sin más se acostó a dormir en uno de los catres donde dormían los soldados, y en el acto lo escucharon roncar.

Todos se miraron asombrados, pues Pardo y él estaban solos rodeados de decenas de soldados marineros armados hasta los dientes... ¡Y éste se acostaba y se dormía en sus propias narices!

El corajudo gesto de Roberto desmoralizó a los militares presentes, que comenzaron a entregar sus armas y, saliendo por la puerta del cuartel, como ya había pasado en Remedios, se iban a confraternizar con los guerrilleros.

El capitán jefe del cuartel no tuvo otra opción que rendirse.

## La gran batalla: Santa Clara

Luego de arredrar a las tropas enemigas a balazos, las más importantes fortalezas militares en un territorio de 8 mil kilómetros cuadrados, las condiciones estaban creadas para que las tropas conjuntas del 26 de Julio y del Directorio se empeñaran en la obra mayor: el asalto a la tercera ciudad, después de La Habana y Santiago de Cuba, como enclave militar del régimen.

El comandante Camilo Cienfuegos ya combatía, desde el día 21 de diciembre, tratando de tomar la ciudad de Yaguajay, la más importante de todo el inmenso territorio del norte de la provincia de Las Villas, que ofrecía una tenaz resistencia de distintos puntos del perímetro urbano, pero que, sobre todo, defendía su cuartel, que estaba al mando de un oficial de origen chino y, como todos los chinos, valiente y caballeroso, lo que hacía que sus soldados lo apoyaran: el capitán Abón Lee. Cuando Che entró a Santa Clara, ya los aguerridos combatientes de la Columna 2 Antonio Maceo llevaban varios días de encarnizados combates en Yaguajay, pero principalmente en los alrededores del cuartel, defendido con ametralladoras pesadas y tanques de guerra dentro de sus muros.

Santa Clara era donde se concentraba todo el poderío militar del régimen del centro de la Isla y desde donde se dirigía la guerra contra los guerrilleros en la provincia.

En ella se había ido concentrando toda la soldadesca de los cuarteles, luego de rendirse y ser puestos en libertad por el Che.

Allí también se habían concentrado todos los torturadores y asesinos y chivatos del régimen que, como era lógico, iban a pelear hasta la última bala, pues se sabían culpables de múltiples crímenes de lesa humanidad.

Al entrar en Santa Clara —ciudad nueva, populosa, pero fea, nada comparable con Sancti Spiritus o la sureña Trinidad, ambas fundadas por Velázquez—, Che le escribe un mensaje a Cienfuegos que demuestra el estado de agotamiento en que se hallaba a estas alturas el joven médico Ernesto Guevara de la Serna.

Veamos:

*Camilo:*

*No quedan más que dos cartuchos para el mortero. Ya estamos en la ciudad. Trata de acabar allí y venir luego rápidamente.*

*Te mando algunos fulminantes de dinamita. Insisto en que está el avión listo.*

*CHE*

*Diciembre ¿?/ 58*

Resulta extraño que ninguno de los biógrafos del Che —incluso el mejor de todos, Paco Ignacio Taibo II— hayan reparado en esos dos signos de interrogación. Y claro, lo del avión listo, que obviamente se refiere a que el tirano —como en efecto sucedió— ya tenía preparada una nave aérea para huir.

Che y sus juveniles guerrilleros comenzaron los combates para tomar Santa Clara el 28 de diciembre.

Su propósito no sería fácil de alcanzar. Veamos cómo estaba preparado el enemigo para la inminente aparición en las calles de la ciudad de los fogueados guerrilleros.

Primero tenía dos cuarteles bien equipados con todo tipo de armas pesadas y convencionales: el número 31 y el Leoncio Vidal, éste último una verdadera fortaleza al parecer inexpugnable. El cuartel de la policía y lo que resultaba otra fortaleza muy bien armada: el Tren Blindado. Este tren estaba compuesto por un coche motor de exploración, 21 vagones, una locomotora, un coche de pasajeros donde estaba instalado el salón para las operaciones militares y un cajón similar a un camión de volteo cargado de arena. Transportaba un batallón de infantería y un pelotón de tanques con 36 oficiales y 450 soldados, aunque la mayoría de éstos desertaron antes de comenzar la batalla.

El armamento del tren era el siguiente: un cañón de 20 mm., una ametralladora calibre .50 y otra calibre .30; seis poderosas bazucas, cinco morteros de 60 mm., 308 fusiles y las livianas pero efectivas carabinas M-1.

El mando militar había actuado inteligentemente, pues no había concentrado sus defensas en los lugares acostumbrados, los dos cuarteles ya mencionados, sino que descentralizó sus fuerzas por toda la ciudad del siguiente modo:

Estación de Policía: 450 hombres.

Gobierno Provincial: 30 soldados.

Gran Hotel: 12 francotiradores expertos.

Audiencia: 30 soldados.

Cárcel Provincial: 20 soldados.

Cuartel de Vigilantes de Carretera: 30 policías-motociclistas.

El cuartel Leoncio Vidal estaba defendido por 1,300 soldados y oficiales.

El cuartel 31 por 300.

Diez tanques de guerra como los utilizados en la Segunda Guerra Mundial y 12 tanquetas estaban regados por las calles, parques, avenidas, lugares estratégicos, más 2,000 mil soldados con morteros, bazucas, ametralladoras pesadas y ligeras y, por supuesto, armados con granadas de mano… ¡Y de poco les sirvió!

¡Ah, casi lo olvido!

Y aviones de guerra, incluidos B-26 enormes, que traían en las dos alas cuatro ametralladoras calibre .50, que vomitaban fuego junto con el plomo. Y los llamados *cazas Sea Fury*, veloces y mortíferos.

Y contra eso se proponían combatir unos 300 guerrilleros del 26 de Julio y unos 100 del Directorio. Los primeros casi niños. Los segundos veinteañeros.

Y ninguno tenía miedo.

A las 6 de la mañana del 28 de diciembre Che ordenó a sus muchachos realizar a las siguientes misiones:

Capitán Rogelio Acevedo, con 30 guerrilleros, atacaría el Palacio de Justicia y la cárcel provincial.

Capitán Roberto Rodríguez, el Vaquerito, con su Pelotón Suicida, en esos momentos integrado por 24 jovenzuelos, atacaría la estación de policía.

Capitán Ramón, *Guile*, con 40 efectivos en la línea de ferrocarril para evitar que el Tren Blindado intentara regresar a La Habana, de donde había salido días antes, pero se había detenido cerca de la loma del Capiro cuando, hostigado por los combatientes clandestinos del 26 y del Directorio, no pudo seguir rumbo a Santiago de Cuba, donde debía descargar el enorme armamento que llevaba.

El capitán Miguel Álvarez reforzaría con sus hombres a las tropas del Directorio que atacarían el cuartel de los llamados "caballitos"3 de la policía, que vigilaban las distintas vías de comunicación.

Los capitanes Víctor Drake y Raúl Nieves, ambos de las guerrillas del Directorio, atacarían al cuartel o Escuadrón No. 31 de la guardia rural.

Capitán Alfonso Zayas, con 50 hombres, era el responsable de atacar a los soldados que desde la loma del Capiro protegían al Tren Blindado.

El teniente Alberto Fernández, apodado *Pachungo,* natural de Santiago de Cuba, lo apoyaría en esta misión con 10 reclutas de la escuela abierta por el Che en lo más alto del Escambray. Días antes, el argentino había pedido 200 noveles guerrilleros y los había distribuido entre los distintos pelotones. A Fernández, que había combatido clandestinamente bajo las órdenes de Frank País, lo que era de por sí un sello de valentía y coraje, le había situado diez de estos muchachos, formando una nueva escuadra de guerrilleros.

El teniente Emerio Pérez tenía una de las misiones más peligrosas: avanzar por el medio de la ciudad liquidando a los francotiradores —de la policía y el ejército— que formaban parte de los 2,000 mil efectivos de ambos cuerpos militares que Batista había ordenado desperdigar por toda Santa Clara. Con los 1,300 soldados del cuartel No. 3 Leoncio Vidal, más los 300 del Escuadrón 31, las fuerzas batistianas de tierra sumaban unos cinco mil hombres. Y digo de tierra, porque estaban las fuerzas del aire, apoyando con ametrallamiento y bombardeos a los efectivos terrestres. Digamos que un promedio de 12 batistianos por cada joven guerrillero.

Emerio tenía bajo su mando 50 rebeldes, algunos provenientes de la mencionada escuela de reclutas, y estaban equipados con fusiles Garand, carabinas M-1 y M-2, carabinas San Cristóbal de pésima calidad, una bazuca y ametralladoras calibre .30.

Todos equipados con su mejor arma: su patriotismo y su coraje.

Aunque odio las frases hechas o lugares comunes, bien se podía afirmar que los días de la dictadura *estaban contados.*

Sobre el inicio de las operaciones para la toma de Santa Clara, Guevara escribió lo siguiente:

*En el momento del ataque nuestras fuerzas habían aumentado considerablemente su fusilería, en la toma de distintos puntos y en algunas armas pesadas que carecían de municiones. Teníamos una bazuca sin proyectiles y debíamos luchar contra una decena de tanques, pero también sabíamos que, para hacerlo con efectividad, necesitábamos llegar a los barrios poblados de la ciudad, donde el tanque disminuye en mucho su eficiencia.*

El Che había establecido su comandancia en la Universidad Central de Las Villas y a las 8 de la mañana del 28, en dos largas filas, con su jefe al frente, empezaron a avanzar por las cunetas de la carretera de Camajuasní para penetrar en la capital de la provincia.

El primer choque con las fuerzas enemigas ocurrió poco después, cuando la avanzada rebelde formada por los pelotones del capitán Rogelio Acevedo (dieciséis años de edad) y *Guile* Pardo (diecisiete) chocaron antes de entrar a la ciudad con dos tanquetas que abrieron fuego sobre ellos.

Por hallarse las dos tanquetas en una curva, cuando los guerrilleros las vieron ya los blindados estaban disparando sus ametralladoras sobre ellos.

Las balas de los fusiles rebotaron sobre el hierro de las tanquetas, sin causarles daño alguno. Sin embargo, no son los jóvenes guerrilleros los que retrocedieron... fueron los soldados, que dieron marcha atrás y desaparecieron.

Este primer encuentro fue funesto para los muchachos: atravesados por balas calibre .50, murieron al instante Ramiro Santiago, Aníbal Arceo, Miguel Pérez Pimentel e Israel Santos. Y hubo varios heridos.

Aquí combatió por primera vez Enrique Acevedo, ya a medio curar de las heridas recibidas en ambos brazos; mandó su propia escuadra en el pelotón de su hermano Rogelio. Lucía, orgulloso, sus barras de primer teniente. Tenía 15 años.

Pensando que, dado su éxito, las tanquetas regresarían, Rogelio Acevedo y Pardo montaron una emboscada, con la idea de enfrentarlas con bombas Molotov y las granadas de mano, pero los blindados no regresaron.

A poco llegó con su escuadra Fernández de Oca, a quien Che había enviado en su ayuda pues, al oír los disparos de ametralladoras pesadas, supo que los suyos habían topado con estos monstruos de hierro.

Esta primera acción fue la más cruel de todas las sostenidas durante la toma de Santa Clara, por la muerte de los cuatro muchachos, pero no amilanó a sus compañeros, que poco después se encontraban peleando bravamente con el nombre de sus amigos llevados en cada bala que disparaban a favor de todo el pueblo cubano.

Desde la Loma del Capiro los soldados empezaron a hostigar al grupo de Acevedo y Pardo, que había crecido con la llegada de Montes de Oca.

Fueron los soldados del Tren Blindado los que se apostaron allí para defender su transporte-fortaleza, ya con la idea, entre los jefes, de dar marcha atrás y regresar a La Habana.

Che dio la orden de continuar y que los pelotones de Guile y Acevedo marcharan a pelear contra la soldados del citado tren.

Y eso hicieron, mientras los restantes pelotones, junto al Che, entraban en Santa Clara.

Más o menos a la misma hora, las guerrillas del Directorio Revolucionario —formada por unos cien jóvenes— penetraron por el otro extremo de la ciudad, con el propósito de atacar el objetivo que sus respectivos comandantes Che y Faure habían acordado: los primeros atacarían el cuartel 31 de la guardia rural y los segundos el Leoncio Vidal.

Ambos cuarteles estaban defendidos con tanques y

tanquetas. Al 31 se le decía de "los caballitos" porque sus integrantes recorrían los campos montados a caballo. Dicho sobrenombre se prestaba a confusiones, por el cuartel de Vigilantes de Carretera, a los que a veces también se les decía "caballitos", por aquello de que montar en una motocicleta era como ir montado a caballo. De a jinete.

Por esa razón, al entrevistar yo a alguno de los guerrilleros que pelearon en Santa Clara, tanto del 26 como del Directorio, a veces no sabía de qué *caballitos* hablaban.

El 31 tenía una dotación de 300 soldados. El cuartel de Vigilantes de Carretera, medio centenar. Ambos cuarteles debían ser tomados por el Directorio y todas las posibles resistencias del régimen que quedara entre y por esa zona, igualmente.

La muchachada del Directorio llegaban a cien, pero la mayoría eran alumnos universitarios que habían abandonado estudios, novias (por su juventud casi todos eran solteros) familia para primero batirse en acciones suicidas en la ciudad de La Habana contra los asesinos de régimen y, luego del suicida ataque al Palacio presidencial, alzarse en armas en el Escambray; poseían una enorme experiencia en la lucha citadina.

Pues bien, ahí tenemos que a las 10 de la mañana del 28 ya se combatía en las calles de Santa Clara.

Entonces apareció en escena lo que hizo posible el triunfo rebelde, el pueblo villaclareño, que a un llamado que hiciera el Che por radio se volcó a las calles para poner obstáculos al movimiento de los tanques y las tanquetas, atravesando en calles y avenidas sus propios automóviles y camiones.

Mientras se libraba el combate, llevaban comida, agua, café, avituallamiento de distintos tipos a los guerrilleros, arriesgando sus vidas pues desde el aire los aviones ametrallaban las calles y lanzaban bombas de 250 y 500 libras, que mataban y destrozaban todo allí donde hacían impacto.

Durante cuatro días Santa Clara se convirtió en una ciudad mártir, como esas que se pueden ver en las películas de guerra.

Todas las defensas del ejército y la policía fueron derrotadas en combates que muchas veces se realizaron casi cuerpo a cuerpo, pero destacaron por su importancia para el régimen los cuarteles mencionados, la estación de policía y lo que selló la suerte del régimen por el efecto psicológico que representó para el dictador Batista: la toma y destrucción del afamado Tren que debía llevar poderosas armas para los soldados que en la entonces provincia de Oriente eran acosados por las tropas bajo las órdenes de Fidel y el comandante Juan Almeida; mientras, en la provincia donde terminaba la Isla, Raúl Castro iba tomando poblado tras poblado, acompañado de la que luego sería su esposa, Vilma Espín, cercana combatiente clandestina al lado de Frank País, antes de irse a las montañas.

## La toma del Tren Blindado

El 29 de diciembre, cuando de acuerdo a la orden recibida directamente del dictador Batista el Tren Blindado trató de retroceder, se descarriló.

Los rebeldes habían dinamitado la línea central del ferrocarril que venía —o iba— para la capital de la República.

Obstruida la vía férrea, los guerrilleros tomaron posiciones para acosar a sus ocupantes.

Y se inició un feroz combate ya que, como observé antes, el susodicho Tren era una verdadera fortaleza rodante.

A poco de iniciarse, llegó el Che para verificar la situación y enviar un mensaje al jefe del Tren, comandante Ignacio Pérez Calderon, para que se rindiera, pero éste se negó, por lo que el jefe rebelde ordenó lanzar bombas Molotov sobre sus carros. Estas bombas incendiarias eran muy efectivas cuando se trataba de edificios o construcciones fijas, que no se podían trasladar de lugar.

Y claro, con los pobladores de Santa Clara volcados a las calles, entre otras cosas preparando este tipo de artefactos manuales, éstos nunca faltaban.

Che dejó al capitán Ramón Pardo como jefe de los guerrilleros que atacaban el Tren y partió a dar instrucciones a su muchachada por toda la ciudad.

Iba junto a él una experimentada combatiente clandestina, una guapa y esbelta rubia natural de ojos verdes que se conocía al dedillo todas las calles y rincones de Santa Clara, pues allí había nacido y formaba parte del aparato clandestino del 26 de Julio.

Era su guía y hacía las veces de secretaria junto a su escolta personal, el teniente Harry Villegas.

La bonita rubia se llamaba Aleida March Torres, de ascendencia francesa por el March y cubana por su segundo apellido, Torre.

Pero de ella hablaremos con detenimiento más adelante, pues había de jugar un papel trascendente en la vida de Ernesto Guevara de la Serna.

Transcurrida una hora y media después de la partida del Che, el capitán Pardo propuso una tregua, siempre en busca de evitar el derramamiento de sangre de uno y otro bando.

Se suspendió el fuego de ambas partes y del Tren —que por ser de metal no se había incendiado con las bombas Molotov pero sí se había convertido en un horno— sale un oficial a dialogar con Pardito.

El hombre trae barba de varios días, tiene unos cincuenta años y se encuentra de que tiene que hablar de guerra y rendición con un jovenzuelo al que todavía no le ha salido el primer pelo de la suya.

Y que aunque no lo sepa, tiene diecisiete años de edad… y no aparenta muchos más, tal vez menos, por lo flaco que está.

Al estrecharse las manos, y proponerle Pardo la rendición para evitar derramamiento del sangre, el hombre le contestó:

—Nadie más interesado que yo en evitar derramamiento de sangre pues, por mi profesión, mi tarea es evitar su derramamiento y salvar vidas: soy médico. Soy el galeno jefe del Tren Blindado. Mi grado es comandante, según puede ver, pero no estoy autorizado a tomar decisiones al respecto.

—Mire, comandante, yo soy el capitán Ramón Pardo [irónico], *según puede ver,* pero pese a mi juventud, sí estoy autorizado a hablar de paz. Mi jefe, el guerrillero Che Guevara, me ha dejado al frente de esta tropa con el propósito de evitar derramamiento inútil de sangre, pues usted y él coinciden en algo…

—¿En qué coincidimos, mi joven capitán?

—En que ambos son comandantes y ambos son médicos. Mi jefe es el que ya estuvo aquí buscando evitar derramamiento de sangre. Es el doctor Che Guevara.

—Sí, ya sabía que el Che famoso era médico. Nada me gustaría más que tener el honor de saludarlo y pactar la paz con tan insigne colega… pero desgraciadamente no puedo hacerlo. Es mi comandante Pérez Calderón el único con potestad y mando para hacerlo.

—Pues consulte con él, por favor. Hágale saber quién es el comandante en jefe de las tropas rebeldes.

—Lo haré… con su permiso, voy a retirarme.

—Se dieron las manos y el hombre se retiró, y entró en el tren.

Media hora después salía del mismo un teniente para comunicar a Pardo que su jefe, el comandante Pérez Calderón, se negaba a rendirse...

Y se reinició el combate.

Luego de más de treinta horas de combates e intervenir la Cruz Roja a petición de Guevara para que conferenciara con Pérez Calderón, éste accedió a rendirse.

Los relojes marcaban las 10 de la noche del 29 de diciembre de 1858.


## Combates intensos por toda la ciudad

Los días 30 y 31 amanecieron en pleno combate por toda la ciudad.

Porque durante las noches del 28 al 29, del 29 al 30, del 30 al 31 no se dejado de combatir. Los valientes jóvenes del Che Guevara sabían combatir de noche.

Santa Clara estaba prácticamente en ruinas, producto de los bombardeos indiscriminados ordenados especialmente por el tirano Fulgencio Batista en su afán de acallar la rebeldía de la heroica ciudad. No había electricidad ni agua, y con el ruido incesante de los combates y el de las enormes bombas de 250 y 500 libras, era seguro que no sólo los guerrilleros del 26 y del Directorio no dormían... tampoco lo hacían medio millón de habitantes que en esos momentos debía tener Santa Clara.

No es una exageración llamarla *heroica ciudad*.

Se combatía en los siguientes puntos:

Fortaleza militar Leoncio Vidal, donde, como dije, había 1,300 soldados con tanquetas y tanques para su defensa, atacado por la muchachada del Che.

Cuartel-Escuadrón No. 31, con 300 soldados y también defendido con tanques y tanquetas, atacado por los estudiantes del Directorio Revolucionario 13 de Marzo.

Cuartel de Policía, con 450 asesinos en su mayoría, pues era la policía el cuerpo represor más fuerte del régimen.

La Audiencia, con unos 30 defensores.

La cárcel, con un 20 defensores.

El Gran Hotel, con 12 francotiradores que dominaban el Parque Vidal, lo que se correspondería en una ciudad mexicana con un zócalo. Todo el que intentara adentrase en la explanada que le quedaba enfrente podía ser alcanzado por los disparos certeros de estos 12 expertos que habían tomado posición en lo más alto del edificio de 10 plantas. Estos 12 hombres pertenecían al Servicio de Inteligencia Militar, el temible cuerpo de asesinos creado por Batista para matar y torturar. Los 12 sabían que no podían rendirse, pues ni uno solo de los 12 podía afirmar que no había torturado y asesinado a varios militantes revolucionarios o simplemente civiles entre los cuales se podían hallar algunas mujeres y adolescentes.

Gobierno Provincial, donde se habían refugiado muchos de los políticos del partido de Batista, el PAU, que asimismo tenían sobre lo que no tenían —conciencia— varios crímenes cometidos contra la población civil; no se ha podido saber cuántos de estos sujetos se encontraban allí, todos armados.

He repetido los lugares donde se combatía y el número de defensores porque ya estábamos a 31 y la relación de fuerzas del régimen seguía igual cuando ocurrió los que enseguida narraré.

## Comienzan a sumarse adolescentes a los combates

El primer lugar donde sucedió fue en la Audiencia, donde también se combatía desde la mañana del 28. Al parecer, los guardias allí acantonados eran criminales de guerra porque de no ser así no se explica por qué del cuartel Leoncio Vidal enviaron dos tanques, dos tanquetas y 60 soldados a rescatarlos, los cuales fueron rechazados cuando el bazuquero logró que esta vez la bazuca no fallara e hiciera impacto sobre los blindados, haciéndoles dos muertos.

Jóvenes de catorce, quince y dieciséis años sumados al pelotón de retaguardia guerrillero lograron prenderle fuego al sótano de la Audiencia. Entre ellos había una adolescente, *Cuca*, que bajo un avispero de balas se lanzó a recoger un fusil Springfield de un guardia muerto en la calle y con él se sumó a los que luego del incendio tomaron por asalto la Audiencia.

Uno de los protagonistas cuenta los hechos. Se trata del testimonio de Jesús Jiménez Barrera:

*Gilberto Gaytán y yo nos incporpramos al pelotón de Acevedo cuando avanzaba hacia el centro de la ciudad para tomar la Audiencia y la cárcel. Después, por iniciativa de Acevedo se prepararon ciento y pico de botellas incendiarias para quemar la Audiencia. De esto nos ocupamos Gaytán —aprendiz de albañil—, el mulato Jiménez —vendedor de helados—, el negro Chocolate —limpiabotas—, uno cuyo nombre no recuerdo, y yo —estudiante de comercio—. Para hacerlo tuvimos que cruzar el Paseo de la Paz, unos 50 o 60 metros de avenida limpia,, y Acevedo ordenó que cuando partiéramos a cumplir la misión que nos había encomendado, los muchachos del su pelotón dispararan contra la Audiencia para cubrinnos. Al regresar no nos cubrieron a tiempo, ya que ellos seguían combatiendo en la calle, y los guardias enfocaron sus disparos contra nosotros cinco e hirieron en un muslo al vendedor de helados y al negro Chocolate en la cabeza, un tiro que resultó a sedal pero que como echaba mucha sangre, el pobre Chocolate se dio por muerto. Enseguida, Acevedo ordenó que los sacaran de allí y los llevaran a curar.*

Jiménez cuenta que no sólo fueron ellos, que muchos chicos también se les sumaron. Al parecer fue gracias a esos niños que, debido a la Revolución cubana por la que otros como ellos se jugaron la vida, no existe actualmente en Cuba ese vergonzoso fenómeno que padecen los países latinoamericanos y que en México se llama *niños de la calle.*

Enrique Acevedo cuenta en un su libro *Descamisado* —sin duda el mejor libro de las memorias de un guerrillero cubano que se haya escrito—, que en la Sierra Maestra también hubo niños colaborando con los guerrilleros, entre ellos uno que tenía doce años.

Yo conocí uno de ellos, de apellido Argote, cuyos padres y hermanos, doce en total, habían sido asesinados por los soldados de Batista; siendo huérfano, halló en las filas rebeldes la familia que había perdido de modo tan trágico. Tal vez fuera a él a quien se refería Enrique, pues lo conocía en 1959 y tenía catorce años. Cuando el horrendo asesinato se realizó, en 1957, tenía doce. Llevaba sobre sus hombros una estrella de comandante.

## La muerte de un hombre cien: el pequeño gigante Vaquerito

Hay una foto del Vaquerito con el pecho rodeado de cananas como la usaban los guerrilleros del general Pancho Villa; a la cintura otro cargamento de peines para su Garand, una cantimplora y las botas como las usaba el Che, sin amarrar los cordones de arriba. Como la foto fue tomada del lado izquierdo, no se ve la pistola, pues Roberto Rodríguez era derecho.

Detrás vemos un edificio en llamas, pues, como la

foto fue tomada de noche, muestra largas lenguas de fuego que sobresalen de las ventanas.

Modesto como era, no mira a la cámara, pero sí lo hacen tres de los integrantes de su Pelotón Suicida, con rostros sonrientes del orgullo por pelear al lado de tal gigante de pequeña estatura.

Estos tres son una prueba gráfica de lo que hemos venido diciendo: la juventud extrema de los guerrilleros del Che...

Porque el Vaquerito trae una espesa barba rubia por supuesto —porque él era pelirrojo de ojos verdes— y tenía veintidós años... pero los otros tres (debían sentirse achicados porque a los guerrilleros también se les decía *los barbudos)* aún no les ha salido ni un pelo en la deseada barba. Eran casi niños.

Roberto siempre les decía que la bala que lo iba a matar todavía no era fabricada. Y se burlaba, con palabras, de su posible muerte.

Pero la bala sí estaba fabricada y lo alcanzó en la frente cuando se puso de pie para disparar contra la estación de la policía que no acababa de ser rendida pese a que su pelotón la atacaba desde el mismo comienzo de la batalla de Santa Clara.

En algo acertó: no fueron varias balas. Sólo una, como él previno.

Cuando fue conducido a una clínica por el doctor Fernández Mell y se disponían a intervenirlo quirúrgicamente, falleció sobre la mesa de operaciones.

Poco después llegaba el doctor Guevara, obviamente para participar en su posible operación.

Al decirle Fernández Mell que no había podido hacer nada porque era una herida de muerte en la región frontal hacia la occipital, el Che dio una patada en el piso —siempre tan dueño de sí mismo, siempre tan poco dado por su carácter a las muestras sentimentales—, y exclamó:

—¡Nos han matado cien hombres!

Con cien hombres comparaba al Vaquerito.

Guevara escribió posteriormente:

*En aquel anuncio que di como Comandante en Jefe de las fuerzas armadas de Las Villas, recuerdo que tenía el dolor de comunicar al pueblo de Cuba la muerte del capitán Roberto Rodríguez "El Vaquerito", pequeño de estatura y de edad, Jefe del Pelotón Suicida, quien jugó con la muerte una y mil veces en la lucha por la libertad.*

## La huida del tirano

El régimen, como tiburón herido de muerte, daba sus últimos coletazos y, como previno el Che, ya Batista, su familia y los peores asesinos de su entorno preparaban las maletas. Después de intentar que le dieran asilo en donde lo habían apoyado durante siete años de dictadura —el gobierno de los Estados Unidos de Norteamérica—, pero que ya no convenía a sus intereses imperialistas, el antiguo sargento taquígrafo llamó a su semejante, Rafael Leonidas Trujillo, y le pidió asilo.

Pero tan ladrón como el solicitante, el dominicano le dijo que estaba de acuerdo en darle el asilo pero que, de las maletas llenas de dólares de que seguramente se había apoderado, le guardara una con dos milloncitos.

Se cuenta que Fulgencio se puso furioso y le gritaba a su esposa Martha que Trujillo, además de asesino, era un ladrón de la peor especie.

Al parecer con el miedo y el apuro se le había olvidado cómo saquearon él y los suyos las arcas del Banco Nacional, y los 20,000 cubanos que murieron durante su feroz dictadura.

Se dice que Martha lo miró y le dijo:

—No seas cínico, Fulgencio. No exageres.

Excelente narrador, tal como lo confirman los relatos que escribió, poseedor de eso tan difícil que debe poseer todo buen periodista —el poder de síntesis—, Ernesto Guevara narra lo sucedido el 31 de diciembre de 1958, cuando todavía no se conocía de la huida del tirano:

*Después de la Estación de Policía, entregando los tanques que la defendían y, en rápida sucesión se rendían al comandante Cubela el cuartel No. 31; a nuestras fuerzas, la cárcel, la Audiencia, el palacio del Gobierno Provincial, el Gran Hotel, donde los francotiradores se mantuvieron disparando desde el décimo piso casi hasta el final de la lucha.*

*En ese momento sólo quedaba por rendirse el cuartel Leoncio Vidal, la mayor fortaleza del centro de la Isla. Pero ya el día primero de enero de 1959 había síntomas de debilidad creciente entre las fuerzas defensoras.*

A las 12:30 de ese día primero capitula el Leoncio Vidal y sus 1,300 defensores, entre oficiales y soldados, luego de una advertencia del Che acerca de que ya se había hablado varias veces con ese mando y seguían indecisos.

O se rendían de modo incondicional o el cuartel sería tomado "a fuego, pero fuego de verdad, sin ninguna tregua".

Ya se sabía con certeza que Batista había huido a Santo Domingo, en la noche del 31 de diciembre.

El 2 de enero de 1959, cuando ya había partido la Columna de Camilo hacia La Habana luego de rendir el cuartel de Yaguajay, Ernesto Che Guevara sintió que en el pecho le latía una deuda de gratitud con el pueblo de Santa Clara y la provincia de Las Villas, y les escribió este mensaje:

## *AL PUEBLO DE LAS VILLAS*

"En ocasión de retirarme de esta capital y de la provincia con destino al nuevo cargo que la comandancia General de nuestro Ejército me ordenara asumir, expreso mi agradecimiento más sentido a este magnífico pueblo que tanto colaborara con la causa de la revolución y en cuyo suelo se han dado muchas de las importantes batallas finales contra la tiranía. Expreso mi deseo de que se brinde el más amplio apoyo al gobernador militar de Las Villas, compañero Capitán Calixto Morales para normalizar rápidamente la vida institucional de esta sufrida provincia.

"Sepa el pueblo de Las Villas que al retirarse nuestra Columna Invasora, enormemente aumentada por el aporte de los hijos de este suelo, lo hacemos todo con el sentimiento de dejar un lugar querido y profundos afectos personales. Invito a mantener el mismo espíritu revolucionario para que en la gigantesca tarea de la reconstrucción también sea Las Villas vanguardia y puntal de la Revolución."

Ese mismo día Che ordena que los miembros de la Columna 8 se concentren frente al vencido cuartel Leoncio Vidal para partir hacia La Habana.

A las 3 de la tarde, parte la caravana. Con los recién incorporados y los noveles combatientes de la escuela de Reclutas la Columna 8 tiene ahora unos 400 guerrilleros.

Che viaja al frente, en un Chevrolet decomisado al ejército, acompañado de su escolta: Harry Villegas, Hermes Peña, Mendoza Argudín y Alberto Castellanos conduciendo… y la bella rubia que ya mencioné, Aleida March Torres.

# Una historia de amor entre montañas, flores y el canto de los pájaros montunos

Ya les conté de Chichina Ferreira, el primer amor de Ernesto… ahora lo haré del último, y definitivo: Aleida.

Se conocen en El Pedrero, cuando una comisión del 26 clandestino sube al Escambray para conferenciar con el comandante Guevara y para llevarle 50 mil pesos de los fondos de la organización para poder cubrir las necesidades más perentorias de la guerrilla. La integran el doctor Serafín Ruiz de Zárate, financiero del 26 en la provincia de Las Villas; Martha Lugiolo, Graciela Piñeira, el médico Cuco Rodríguez de la Vega y esta muchacha que pertenece a la rama de Acción del 26. Resulta que a Acción pertenecían aquellos jóvenes de uno u otro sexo que lo solicitaran específicamente, porque su tarea tenía que ver directamente con la lucha armada. Se requería coraje y valentía a toda prueba.

Coraje y valentía que la muchacha había probado durante la Huelga de Abril de 1958 y durante el alzamiento armado del pueblo de Cienfuegos en 1957, yendo de una a otra ciudad —Santa Clara y Cienfuegios—, transportando mensajes y medicinas y, cuando era necesario, armas, exponiendo la vida constantemente.

La comisión se reúne durante tres días y tres noches en el Pedrero y cuando se disponen a regresar, el Movimiento avisa que Rodríguez de la Vega y Aleida no pueden hacerlo, pues la policía a registrado sus casas y los buscan por toda la ciudad.

Alguien le propone al Che que Aleida puede quedarse no como secretaria, por su condición de Dirigente del 26 de Julio… pero sí como su ayudante en diferentes tareas de la Columna 8. Sus acompañantes, sobre todo las otras dos mujeres, ya se han encargado de decirles al Che de la historia clandestina de su compañera.

En el Pedrero no hay otra mujer y la presencia femenina en la Columna 8 imprime ese sello de magia, poesía y belleza que es condición casi divina de las de su sexo.

Es sabido que el entorno que rodea a una pareja influye para que ese misterio supremo que suele llamarse Amor se produzca… y las montañas del Escambray están llenas de flores silvestres, de pájaros cantores como el cenzontle y el tomeguín, de mariposas de todos los colores del arco iris, de ríos, arroyos y manantiales que en conjunto forman un cuadro paradisiaco apropiado para que se diera el Misterio.

Y se dio.

Todavía con el perfume de las orquídeas, hortensias, amapolas, violetas, mariposas-flor, azucenas, orquídeas y sobre todo el perfume de la bella flor de los amontes cubanos, la margarita silvestre, enredados en el albo vestido blanco de la novia, Ernesto y Aleida se casaron en las primeras semanas de 1959.

La modestia de ambos se retrata en un hecho que los

retrata a ambos: durante meses, ya casados, no tuvieron casa propia.

El médico de la Columna 8, el doctor Fernández Mell, les dio albergue en su casa de La Habana.

# ÍNDICE